AF389869

L'ALMANACH
DES ALMANACHS
POVR L'AN BISSEXTIL
M. DCXX.

Soigneusement supputé & calculé par le tres docte Mathematicien, & Astrologue ANNIBAL POLET, Disciple du Sieur Origanus

Auec les iours que les Souueraines Cours de Parlemens de Bourdeaux, & de Tolose solemnisent.

Ensemble l'Almanach du Parlement de Paris, & la liste de Messieurs les Presidens & Conseillers de la Cour, auec les noms des ruës de la dicte ville.

A LYON,
Pour CLAVDE CHASTELARD.

Auec Approbation & Permission.

L'An de la natiuité de noftre Seigneur
IESVS-CHRIST,   1620.
Et du commencement du monde   5582.
Et du grand Cataclyfme   3926.
Nous tiendrons pour nombre d'or   6.
Cycle Solaire 5.   Epacte 26.
Indiction Romaine,   3.
Interualle 6. fepmaines, 4. iours.
Lettres Dominicales,   E D.

Les Feftes Mobiles.

La Septuagefime	le 16. Feurier.
Dimanche gras	le 1. Mars.
Mardy gras,	le 3. Mars.
Les Cendres,	le 4. Mars.
Les Brandons	le 8. Mars.
PASQVES,	le 19. Auril.
Rogations,	le 24 May.
L'afcenfion,	le 28. May.
La Pentecofte,	le 7. Iuin.
La Trinité,	le 14. Iuin.
La Fefte Dieu,	le 18. Iuin.
L'Aduent,	le 29. Nouembre

Le 11. 13. & 14. de Mars.
Le 10. 12. & 13. de Iuin.
Le 16. 18. & 19. de Septembre.
Le 16. 18. & 19. Decembre.

Temps interdits pour les nopces.

Despuis l'Aduent iusques aux Roys, & despuis les Cendres iusques à Quasi-modo.

Figure des Lunes & Quartiers.

Nouuelle lune   Pleine lune
Premier quartier Dernier quart.

Les Figures des douze signes.

Le Belier	♈	La Balance	♎
Le Taureau	♉	Le Scorpion	♏
Les Gemeaux	♊	Le Sagittaire	♐
L'Escreuice	♋	Le Cheurecor.	♑
Le Lyon	♌	Le Verseau	♒
La Vierge	♍	Les Poissons	♓

Des Æquinoxes.

Nous aurons deux Æquinoxes, c'est à dire, deux iours, ausquels les nuicts sont esgales au iour, c'est à sçauoir, le premier, le 20. de Mars : le second, le 23. de Septembre.

L'AN

Anuier a xxxj.iours,Et la Lune xxx.
La nuict a xvj.heures.Et le iour viij.

1	a	Circoncision
2	b	s. Macr.
3	c	s. Geneuiefue
4	d	s. Telefphon
5	e	s. Edouard
6	f	Les Roys
7	g	s. Raimond
8	a	s. Seuerin
9	b	s. Iulian
10	c	s. Guillaume
11	d	s. Higinie
12	e	s. Satyr
13	f	s. Hilaire
14	g	Les Morts
15	a	s. Maur Abbé
16	b	s. Marcel
17	c	s. Anthoine
18	d	Chair. s. Pier.
19	e	s. Marius
20	f	s. Fab. S. Seb.
21	g	s. Agnes
22	a	S. Vincent
23	b	s. Emerentia.
24	c	s. Timothee
25	d	Conu. S. Pau.
26	e	s. Polycarpe
27	f	s. Iean Chryf.
28	g	s. Charlemag.
29	a	s. Samuel
30	b	Tranfl. s. Mar.
31	c	s. Cyre

Nouu. lun. le 4. iour, à 8. h. 57. mi. du foir. Froidure auec pluyes, ou neiges, fur le milieu quelque belle ferenité.

Prem. qu. le 12. à 9. h. 29. mi. du foir. Humidité, nielles, broüillats, neiges, froid, & vents feptentrionaux.

Plein. lun. le 19. à 2. h. 28. min. apr. mid. Téperature venteufe, froidureufe, neigeufe, & malgratieufe.

Dern. qu. le 26. à 11. h. 41. m. deu. mid. Pluyes, & vents humides, fur la fin obfcurité, & humidité auec neiges.

Fevrier a xxviij. iours. Et la lune xxix.
Et quand il est an de Bissexte xxix.
Et la Lune en a xxx.
La nuict a xiij. heures. Et le iour xj.

1	d s.Ignace Euc.	
2	s.Purifica.N.	
3	f s.Blaise	Nouu.lun.le 3.iour, à 4.h.1. mi.apr.mid. Sur le commencement remission de froid:sur la fin, obscurité, & humidité.
4	g s.Theophile	
5	a s.Agathe	
6	b s.Dorothee	
7	c s.Theodore	
8	d s.Coiute	
9	s.Apollonie	
10	f s.Scholastiq.	
11	g s. Euphrosine	Prem.quar.le 11.à 9. h. 12.min. deu.mid. Continuation de la temperature precedente, auec pluyes, neiges, & vents.
12	a s.Seuerin	
13	b s.Lezin	
14	c s.Valentin	
15	d s.Faustin	
16	e Septuagesme	
17	f s.Côstâce Eu.	Plein.lu.le 17.à 11. h. 52. min. du soir. Temps froidureux, malgratieux, pluyes, & neiges.
18	g s.Concorde	
19	a	
20	b s.Eucher	
21	c s.Eleuthere	
22	d Ch.s.P.d'Ant.	
23	e	
24	f Vigile	
25	f s.Mathias	Dern.qu.le 25.à 5 .h. 49. min. de mat. Air trouble,vents,neiges,nielles,& froid: puis temps seq zij.
26	g s.Alexandre	
27	a s.Victor	
28	b s.Leandre Eu.	
29	c s. Romain	

MARS.

MArs a xxxj.iours.Et la Lune xxx.
La nuiᴄt a xij.heu.Et le iour xij.

1	D	Dimenc. gras
2	e	s.Ceadde
3	f	Mardi gras
4	g	Les Cendres
5	a	s.Phocas
6	b	s.Victor
7	e	s.Tho. d'Aq.
8	D	Les Brandons
9	e	40.Martyrs
10	f	s.Vge Arche.
11	g	Quatre tẽps
12	a	s.Gregoire
13	b	s.Euphrase
14	c	Transl.s.Bon.
15	D	Reminiscere.
16	e	s.Patrice
17	f	s.Gertrude
18	g	s.Anselme
19	a	s.Ioseph
20	b	☀ en
21	c	Printẽps s.Be.
22	D	Oculi
23	e	s.Victorian
24	f	s.Pigmentie
25	g	Annon. N.D
26	a	s.Castule
27	b	s.Iean Herm.
28	c	s.Grondã Roy
29	D	Lætare
30	e	s.Quitin
31	f	s.Babine

Nouu.lun. le 4.iour, à 9.h.18.mi. de mat. Neiges , temps nebuleux, humide ,tenebreux, & venteux.

Prem.qu. le 11.à 6.h. 1.mi. du soir. Pluyes, ou neiges ; esperance de quelque temps plus rendis, à la fin.

Plein.lu. le 18.à 10. h. 5 2.minut. de mat. Vents,ciel couuert,pluyes, puis vents serains,& chaudelets.

Dern.qu. le 26.à 1.h. 6.minu. de mat.Constitution de temps mal aggreable,par vents , pluyes, & obscurité.

A Vril a xxx. iours. Et la Lune xxix. La nuict a x. heur. Et le iour xiiij.

1	g	s. Hugues
2	a	s. Nizier
3	b	s. Richart
4	c	s. Ambroise
5	D	Iudic. & Vinc.
6	e	s. Eutyche
7	f	s. Lazare
8	g	s. Badene
9	a	s. Marie Egy.
10	b	s. Machaire
11	c	s. Leon
12	D	Les Rameaux
13	e	s. Mars Abbé
14	f	s. Tiburce
15	g	s. Isidore
16	a	s. Paterne
17	b	Vendredi S.
18	c	s. Iubin
19	D	PASQVES
20	e	♓ en ♉
21	f	s. Simeon Eu.
22	g	s. Sother
23	a	s. George
24	b	s. Alexandre
25	c	s. Marc Euat.
26	D	Quasimodo
27	e	s. Anastase
28	f	s. Vital
29	g	s. Pierre Mar.
30	a	s. Eutrope

Nouu. lun. le 1. iour, à 12. h. 3. m. du soir. Temps froid, & humide, accompagné de pluyes.

Prem. qu. le 9. à 12. h. 25. min. du soir. Temperature humide, venteuse, & nebuleuse : sur la fin va peu froide.

Plein. lun. le 16. à 10. h. 58. min. du soir. Au commencement temps serain, plaisant, & gaillard: à la fin vents tempestueux, & pluyes.

Dern. qu. le 24. à 8. h. 6. min. du soir. Tempeste en l'air, par vents, pluyes & tonnerres.

MAY

MAy a xxxj.iours. Et la Lune xxx.
La nuict a viij.Et le iour xvj.

1	b	s.Iacq.s.Phi.
2	c	s.Anthonin
3	D	Inua.s. Croix
4	e	s.Monique
5	f	s.Gorard
6	g	s.Ieã Por.La.
7	a	s.Flauie Do.
8	b	Appar. s.Mic.
9	c	s.Nicolas
10	D	s.Gordian
11	e	s.Mamert
12	f	s.Pancrace
13	g	s.Seruatius
14	a	s.Boniface
15	b	s.Caffy
16	c	s.Honoré
17	D	s.Torpet
18	e	s.MerolMain
19	f	s.Celeftin
20	g	✺ en ♊
21	a	s.Hofpitius
22	b	s.Cafte
23	c	s.Prudentiane
24	D	Rogations
25	e	s.Vrbain
26	f	s.Eleuthere
27	g	s.Iean Pape
28	♄	L'Afcenfion
29	b	s.Maximin
30	c	s.Felix
31	D	s.Petronlile

Nouu. lu. le 2.iour. à 11.h. 56.min.deu. mi. Pluyes accompagnees de fraifcheur.

Prem.qu. le 9. à 5.h. 47.min.de mat. Humidité, vêts, pluyes, nuees, & mal aggreable conftitution de temps.

Plein. lun. le 16. à 11.h. 48. min. deu. mid. Son commencemont nuageux, venteux, & plus uieux en fin elle fe remettra en beau.

Dern. qu. le 24 à 1. h. 38. min. apres mid. Nous fommes menacés d'vn air trouble, ciel couuert , & vents tempeftueux.

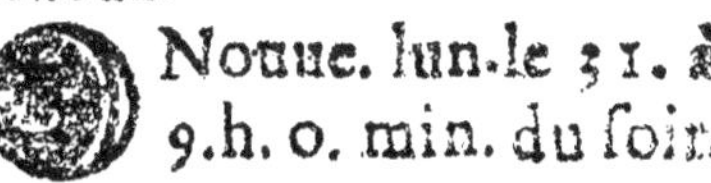

Nouue. lun.le 31. à 9.h. 0. min. du foir.

I Vin a xxx.iours. Et la lune xxix.
La nuict a viij.heures.Et le iour xvj.

1	e	s. Pamphile	Grand tintamarre en l'air
2	f	s.Marcellin	par vents, tempestes, gref-
3	g	s. Pergentin	les,& pluyes.
4	a	s.Quirin	
5	b	s.Boniface	
6	c	s.Claude	
7	D	Pentecofte	Prem. qu. le 7. à 11.
8	e	s.Medard	heu. 29.minut. deu.
9	f	s.Felician	mid. Vents, qui feront en-
10	g	Quatretemps	fuiuis de pluyes, & tonner-
11	a	s.Barnabé	res peut-eftre.
12	b	s.Bafilide	
13	c	s.Ant.de Pad.	
14	D	La Trinité	
15	e	s.Modefte	Plein. lun. le 15. à
16	f	s.Roland	1.heu.43. minut.de
17	g	s.Paule	mat. L'entree fraifche &
18	a	Fefte Dieu	pluuieufe:le milieu ferain
19	b	s.Geruais	gay , & gaillard : la fortie
20	c	s.Syluer	mal plaifante.
21	D	☇ en ♋	
22	e	Efté	
23	f	Vigile	Dern. qu. le 23. à 4.
24	g	Nat.S.Ied Ba.	h. 59.minut. de mat.
25	a	s.Eloy	Orages tempeftueux,puis
26	b	s.Iean, s. Paul	tranquillité d'air, & bel-
27	c	s.Irenee. Vig.	le conftitution de l'air.
28	D	s.Leon	
29	e	S. Pierr.S.Pa.	Nouu. lun. le 30 à
30	f	Cóm s.Paul	4.heu. 44.minut. de

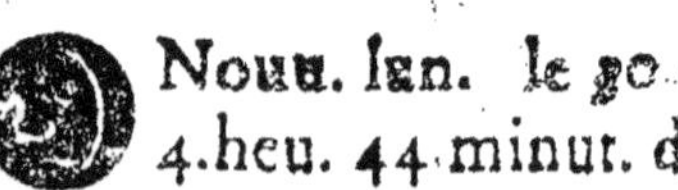

IVILLET.

Villet a xxxj.iours.Et la Lune xxx.
La nuict a viij.heures.Et le iour xvj.

1	g	s.Theobald	mat.Temps frais, humide,
2	a	Visitat. N.D.	& pluuieux.
3	b	s.Felix	
4	c	Trãsl. s.Marc	
5	D	s.Domitie	
6	e	s.Tranquillin	Prem. qu. le 6. à 7.
7	f	s.Illide	he.19. min. du soir.
8	g	s.Procope	Chaleur touffante, ensui-
9	a	s.Cyrille	uie de tonnerres, grefles,
10	b	7.fre.mart.	& pluyes.
11	c	s.Pie Pape	
12	D	S.Bonauent.	
13	e	s.Anaclet	
14	f	s.Heraclie	Plein. lun. le 14. à
15	g	s.Quirice	4.h.19.min. du soir.
16	a	s.Eustache	Vents Meridionaux, cha-
17	b	s.Alexis	leur pesante, & en fin plu-
18	c	s.Symphoros.	yes.
19	D	s.Macrine	
20	e	s.Marguerite	
21	f	☀ en ♌	
22	g	S.Marie Mag.	Dern. qu. le 21. à 5.
23	a	s. Apollinaire	h.57.minut. du soir.
24	b	Vigile	Pluyes, coruscations, ton-
25	c	S.Iacq.S.Chr.	nerres, vents chauds, &
26	D	S.Anne	grande chaleur.
27	e	s.Pantaleon	
28	f	Iour faschee	
29	g	s.Marthe	Noua. lun. le 29. à
30	a	s.Abdon	11.h.53.m.de mat.
31	b	s.Germain	Chaleur extreme, vents, &

A Ouſt a xxxj.iours.Et la lune xxx.
La nuict a x.heur.Et le iour xiiij.

1	c	s.Pieés liens	pluyes,puis beau temps.
2	D	s. Eſtien.Pap.	
3	e	Inu.s.Eſtien.	
4	f	e.Dominique	
5	g	s.Mar.desNe.	Prem. qu. le 5. iour à 6.h. 9. min.du ſoir.
6	a	Transfigurat.	
7	b	s.Donat	Vents, & pluyes, puis bel-
8	c	Vigile	le & aggreable tempera-
9	D	s.Romain	ture.
10	e	s.Laurens	
11	f	s.Suſanne	
12	g	s.Claire	
13	a	s.Hippolite	Plein. lun. le 13. à 7.heu. 58. minut.de
14	b	Vigile	
15	c	Aſſump.N.D	matin. Pluyes ſubites, &
16	D	s.Roch	vents accompagnés de
17	e	s.Iulienne	greſle: eſperance de beau
18	f	s.Agapite	temps.
19	g	S.Louys Eue.	
20	a	s.Bernard	
21	b	s.Philibert	Dern. qu. le 21. à 4. heu. 41. min. de mat.
22	c	Vigile	
23	D	✳ en ♍	Temps mal plaiſât, & en-
24	e	S.Barthelemi	nuyeux par orages & plu-
25	f	s.Louys Roy	yes.
26	g	Fin iours can.	
27	a	s.Cefar	Nouu. lun. le 27. à 7.h.27. min.du ſoir.
28	b	s.Auguſtin	
29	c	Dec.S.Iea Ba.	Continuation de la prece-
30	D	s.Adaucte	dante temperature.
31	e	s.Felix	

S Eptébre a xxx. iours. Et la lune xxix.
La nuict à xij. heures. Et le iour xij.

1	f	s.Ægidie
2	g	s.Iuit
3	a	s.Remacle
4	b	s.Marcel
5	c	s.Bertin
6	d	s.Eleuthere
7	e	s.Royne
8	f	Natiuité N.D.
9	g	s.Gorgon
10	a	s.Nicol. Tol.
11	b	s.Patient
12	c	s.Guy Conf.
13	D	s.Cornille
14	e	Exalt.s.Croix
15	f	s.Nicomede
16	g	Quatre tps.
17	a	s.Lambert
18	b	s.Satyre
19	c	Vigile
20	D	s.Eustache
21	e	s.Matthieu
22	f	.Maurice
23	g	♌ en ♎
24	a	L'Automne
25	b	s.Cleophe
26	c	s.Iustine
27	D	s.Cosm.s.Da.
28	e	s.Enemond
29	f	s.Michel
30	g	s.Hierosme.

Prem.qu.le 3.iour, à 8.heur. 2.minu. du soir. Vents tempestueuz, pluyes, gresles, & tonnerres.

Plein. lun. le 11. à 11.heu. 44.min. du soir. Chaleur excessiue, qui se resoudra en pluyes tempestueuses.

Dern.qu.le 19.à 11. heu. 15.min. du soir. Air obscur, trouble, & nubileux, puis pluyes & vents.

Nouu.lu.le 26. à 4. h. 15. min. de mat. Vents humides, pluyes. accompagnees de quelque fraischeur.

Octob. a xxxj. iours. Et la Lun. xxx.
La nuict a xiiij. heur. Et le iour x.

1	a	s. Remy
2	b	s. Leger
3	c	s. Gerard
4	D	N. D. du Cha.
5	e	s. Placide
6	f	s. Foy. s. Bruno
7	g	s. Marc Pape
8	a	s. Demetrie
9	b	s. Denys
10	c	s. Tanche
11	D	s. Firmin
12	e	7. Rel. Mart.
13	f	s. Venant
14	g	s. Calixte
15	a	s. Edurichis
16	b	s. Mainbeuf
17	c	s. Florentin
18	D	S. Luc Euang.
19	e	s. Ptolomee
20	f	s. Artemius
21	g	s. Vrsule
22	a	☽ en ♏
23	b	s. Seuerin
24	c	s. Magloire
25	D	s. Crespin
26	e	s. Euariste
27	f	Vigile
28	g	s. Simo, S. Iu.
29	a	Transl. s. Yues
30	b	s. Epimache
31	c	Vigile

Prem. qu. le 3. iour, à 1. heu. 23. min. apres mid. Disposition du ciel ennuyeuse, inconstante, & fascheuse.

Plein. lun. le 11. à 3. heur. 2. minut. apr. mid. Ciel obnubilé, & nuageux, vents, & pluyes.

Dern. qu. le 18. à 8. heur. 14. minut. du soir. Vents, & nuages auec menaces de pluye.

Nouuel. lun. le 25. à 3. heur. 10. min. apr. mid. Vents, air trouble, pluyes accōpagnees d'vn peu de froid.

NOueb. a xxx. iours. Et la Lune xxix.
La nuict a xvj heur. Et le iour viij.

1	D	Toussaincts
2	e	Les Trespaß
3	f	s. Hubert
4	g	s. Charles Bor.
5	a	s. Malachie
6	b	s. Lienard
7	c	s. Florent
8	d	4. Coron. Ma.
9	e	s. Theodore
10	f	s. Tryphon
11	g	s. Martin E.
12	a	s. Martin Pap.
13	b	s. Brice
14	c	s. Iean Eu.
15	D	s. Malo
16	e	s. Eucher
17	f	s. Gregoi. Arc.
18	g	s. Romain
19	a	s. Elizabeth
20	b	
21	c	Present. N. D.
22	d	s. Cecile
23	e	s. Clement
24	f	s. Chrysogon
25	g	s. Catherine
26	a	s. Pierre Alex.
27	b	s. Simeõ mart
28	c	Vigile
29	D	s. Andre
30	e	s. Andre

Pre[mier] q[uartier] le 2. iour, à 8. heur. 54. min. de mat. Serenité d'air plaisante, puis vents suiuis de pluyes.

Plein. lun. le 10. à 5. heur. 19. minut. de matin. Pluyes froides, accompagnees de vents, & obscurités.

Dern. qu. le 17. à 1. heur. 56. minut. de matin. Pluyes, vents, & humidités, sur la fin gresle.

Nouu. lun. le 24. à 5. heur. 4. minut. de matin. Ciel obscur & nuageux, vents froids.

Ecébre a xxxj. iours. Et la lune xxx.
La nuict a xvj. heu. Et le iour viij.

1	f	s. Conftácien
2	g	s. Babiane
3	a	s. Caffian
4	b	s. Barbe
5	c	s. Sabbas
6	D	s. Nicol. Eu.
7	e	s. Ambroife
8	f	Concep. N. D.
9	g	s. Prouole
10	a	s. Melchiades
11	b	s. Damafe
12	c	s. Euftratie
13	D	s. Luce
14	e	s. Ioffe
15	f	s. Maximin
16	g	
17	a	s. Lazare
18	b	s. Antonille
19	c	Vigile
20	D	s. Domitian
21	e	s. Thomas
22	f	L'Hyuer
23	g	10. Martyrs
24	a	Vigile
25	b	NOEL
26	c	s. Eftienne
27	D	s. Iean Euan.
28	e	les Innocens
29	f	s. Tho. Arch.
30	g	s. Colombe
31	a	s. Sylueftre.

Prem. qu. le 2. iour, à 5. h. 22. min. de mat. Conftitution de l'air froid, dureufe, & pluuieufe.

Plein. lun. le 9. à 6. heur. 11. minut. du foir. Vents, pluyes, nielles, nuages, & froid.

Dern. quart. le 16. à 10. heur. 22. minut. deu. mid. Vents feptentrionaux, puis remiffion de froid, & belle temperature.

Nouuel. lun. le 23. à 9. heur. 14. minut. du foir. Temps tenebreux, humide, nebuleux, & froid, puis plus remis.

Elon mõ annuelle coustume, i'ay pro-
posé tracer sommairemét icy les prin-
cipaux & singuliers poincts des choses tãt
bonnes qu'autres, lesquelles nous doiuent
aduenir en cette preséte annee de Bissexte mil six cés vingt, suiuãt les apotelesmes
& reigles de l'Astrologie naturelle & sim-
ple iudiciaire, permise pour l vtilité des
Laboureurs, Medecins, Chirurgiés, & autres qui prendront plaisir & loisir de voir
& lire ce petit discours, assez mal façon-
né (toutesfois) à cause de la distractiõ de
mes autres pensees, occupatiõ, & affaires
domestiques. Venãt donc à mõ propos, la
reuolutiõ de cette dicte annee cõmencera
le Vendredy 21. iour du mois de Mars, à
sept heures 35. minutes apres midy, lors
que le Soleil trouué en la 6. maisõ du Ciel
fera sõ entree au premier poinct du signe
du Belier. Et les autres Planetes cõstituez
en leurs lieux & places ainsi qu'ils sõt po-
sez en la figure celeste de la saisõ du Prin-
têps de cette dicte annee. Et principale-
mét Saturne qui à son regret (cõme il ne
faict toutes choses que par despit & en re-

chignant)reprendra le gouuernement de cette reuolutió,par le commun accord & cósentement de tous les autres Planettes, le tout feló l'ordonnáce de la fouueraine & toute puiffáte bóté Diuine.Ce Saturne dóc le premier de tous le Aftres,par fecóde authorité & dominatió gouuerneur de cette reuolutió,nous fera voir en partie le fiecle doré par vne mediocre fertilité & abondance de toutes chofes neceffaires, pour l'étretié & nourriture des hómes & autres animaux feruás à la focieté humaine:Tellemét que s'il ne tiét à nous,tout le móde aura moyé & occafió de fe cótenter des dós de noftre bó Dieu , les receuás en actió de grace,& en vfant honneftement, paifiblement, & en toute modeftie & fobrieté.Cófequémcnt nous deuons noter que le coursde cette annee ne fe paffera pas fans aucuns finiftres euenemens , par la permiffion Diuine,felon que la faincte efcriture nous tefmoigne en plufieurs paffages , pour aduertir les mauuais d'amender leur vie & faire entendre aux gés de bié de toufiours perfeuerer de bien en mieux. Aduiendront quelques efmotions tragiques , mais legeres & de peu de duree:car ce feu fera foudainemét & incontinent

tinent esteint par la prudence & bon aduis des plus sages. En cette dicte annee
nous sommes menacez de voir en l'air de
grandes & merueilleuses impressions &
meteores, chaleurs grandes & excessiues,
feux & embrasemens en plusieurs endroits de l'vniuers, donnant grandes ad-
mirations & esbahissement tant aux su-
perstitieux qu'autres plus asseurez & con-
firmez en leur sain & bon iugement.

DECLARATION DES
deux defauts de lumiere, que la Lune
souffrira en cette presente Annee
mil six cens vingt.

De la premiere Eclipse de Lune, & des
effects d'icelles.

EN cette presente annee bissextile mil
six cens & vingt, nous aurons deux
Eclipses de Lune grandes & espouuanta-
bles toutes deux, dont la premiere sera
veuë le lundy lendemain de feste saincte
Trinité, quinziesme iour du mois de Iuin,
à vne heure apres minuict iustement.
Alors la Lune se trouuera au 23. degré,
25. minutes du signe iouial du Sagittaire,
esloignee seulement de deux degrez de la
teste de son Dragō, en la maison de mort,

qui eſt la 8. qui ſera cauſe qu'elle continuera par toute cette reuolution les maux
que l'Eclipſe du 26.Iuin de l'an paſſé pro-
mettoit aux plus grãds Seigneurs & Princes, & à leur pauures ſujeƈts. La Lune
perdra en cet endroit entieremét la lueur
& lumiere de ſon corps, eſtant obſcurcie
de 18.poinƈts ou doigts Ecliptiques,auec
autant de minutes,& ſe mõſtrera de couleur noire entremeſlee de verd : combien
qu'il ſemblera par fois qu'elle ſoit rou-
geaſtre aucunement, ou brune , tirant ſur
le rouge.Le commencement de l'Eclipſe,
c'eſt à dire,l'inſtant auquel la Lune entrera en premieres tenebres & ombre de la
terre,apparoiſtra à dix heures, 58. minuttes. Le milieu(lors que la Lune ſera entieremét obſcurcie &cachee de noſtre veuë)
tombera à l'heure ſuſdiƈte,àſçauoir,d'vne
apres minuiƈt & demeurera en cette obſcurité iuſques bien pres de deux heures
du matin,qu'alors elle commécera de ſor-
tir de tenebres, & recouurira petit à petit
ſa lumiere iuſques ſur les trois heures,ou
enuiron,qu'eſtant deliuree de l'ombre de
la terre,elle ſe monſtrera auec ſa clarré &
ſplendeur accouſtumee. La totale duree
de cette Eclipſe depuis le commencemét
iuſques

iusques à la fin, sera de quatre heures, ou
enuiron, peu plus ou peu moins. Elle produira ses effects en cette annee mesme &
mettra en euidence depuis le 23. iour du
mois de Iuin, iusques bien auant en O-
ctobre, & alors ils doiuent cesser. Icy i'ad-
uise non seulement les Italiens, mais aussi
les François, que par amendement de vie
ils preuiennent & obuient aux mal-heur-
tés, dont la susdicte Eclipse & vne autre,
qui se fit l'an passé au mesme mois les me-
naçét: Car toutes deux ensemble presque
par toute cette annee feront sentir aux
grands & à leurs subiects soubmis aux
signes du Lyõ, du Verseur d'eau, du Scorpion & du Taureau: voire à ceux des Pois-
sons, de la Vierge, des Gemeaux & du Sagittaire, les mal-heurs, changemens, remuemens & euenemens diuers, qu'elles
leur ont desia depuis vn an en çà presagé.
Dieu vueille mettre ordre à tout, fauoriser les entreprises des grands, & preseruer
leurs estats.

BREF DISCOURS SUR LA
seconde obscurité de la Lune, qui ad-
uiendra en cette dicte Année mil
six cens & vingt.

SI l'Eclipfe aduenuë au mois de Iuin dernier a efté horrible, merueilleufe & efpouuantable, celle qui apparoiftra le Mercredy, lendemain de la fefte Conceptió noftre Dame, neufuiefme iour du mois de Decembre, en la prefente annee mil fix cens vingt, le fera beaucoup plus: Car elle fera obfcurcie de 19.doigts ecliptiques auec 30.minuttes, qui en vallent vn demy. Elle fouffrira donc vn merueilleux defaut de lumiere en la 12. maifon du ciel. Maifon, dif-ie, de mal-encontre, efloignee du nœud, que nous appellons queuë du Dragon, d'vn degré, 18.minuttes, icelle cheminant affez haftiuement fous le figne des Gemeaux: car fon mouuement eft affez vifte, comme faifant ce iour là 14.degrez, 3.minuttes. La couleur de cette obfcurité fe manifeftera prefque pareille que de la premiere Eclipfe, au moins il y aura bien peu de difference. Le commencement d'icelle apparoiftra à cinq heures du foir, ou enuiron. Le milieu, qui eft le plus grand empefchement qu'aura la Lune, aduiendra à cinq heures, trois quarts, & d'auantage. Et la fin de fon obfcurité à fept heures, ou enuiron: ainfi du commencement à la fin de cette

dicte

dicte Eclipse se passeront pres de quatre heures. Quant aux significations princi-pales d'icelle, elles se manifesteront l'an-nee prochaine, que l'on comptera mil six cens vingt & vn. Et en ce temps-là, si Dieu me donne la vie, la santé & le loi-sir, ie tascheray d'en escrire les significa-tions assez amplement, les effects de la-quelle s'estendront non seulement du co-sté d'Occident : mais aussi aux *Septen-trionaux* & *Orientaux*, qui seront af-fligez par seditions, guerres, effusion de sang : Car Saturne reculant sous le signe de l'Escreuice, en la maison de prison, re-gardé d'vn quadrat par Mars, qui darde le mesme aspect à Mercure, ne veut pas faillir d'exciter des tumultes belliques, & apporter vne grande mortalité: voire que plusieurs seront refugiez, ou constituez prisonniers. Et comme dit Leouitius, l'E-clipse Lunaire faicte sous ce signe & en la seconde decade d'iceluy, signifie gran-des calamitez & perturbations d'esprit, dangers sur les chemins, dissensions & querelles en la Cour des grands. Et aussi Saturne peregrinant à l'heure de cette Eclipse signifie aduenir longues maladies & quotidiennes, vlceration de poulmons

&

& empeſchemens, qui aduiendront d'humeurs ramaſſees, & par defaut de nature,
à ſçauoir par flux de corps, qui menace vn
bien grand de mourir aux parties meridionales : comme auſſi aduiendront aux
femmes, principalement aux ieunes des
vlceres & apoſtumes aux aynes par cor-
ruption d'air & diſette, ou faute de pluyes. Bref, le peuple ſignifie eſtre impla-
cable. Quant aux biens de la terre, elle
denote que les vendanges de l'annee
prochaine ne ſeront pas ſi belles qu'on
deſireroit bié, & qu'il ſeroit requis: Mais
que les vſuriers ne prennent garde & ne
s'aſſeurent-là deſſus : car Dieu eſt par
deſſus tout. Cette meſme Eclipſe par
l'oppoſition de Iupiter à Venus, du ſigne
du Taureau à celuy du Scorpion, menace de mort quelque illuſtre Dame, comme auſſi vne infinité de maux & querelles à cauſe des femmes, & finalement
nous preſage la perte & mort de beſtail
& troupeaux, d'autant que les deux lumi-
naires ſe trouuent alors en la ſix & 1 2.
maiſon du Ciel. Prions Dieu que par ſa
ſaincte grace il luy plaiſe nous enuoyer
ce qu'il ſçait nous eſtre neceſſaire.

DIS

DISCOVRS SVR LES QVATRE SAISONS DE l'annee Biſſextile 1620.

Et premierement de l'Hyuer.

 A preſente reuolution & ſaiſon hyemale, laquelle dés l'annee precedente 1619. a eu commencement entrant le Soleil au ſigne du Capricorne, qui fut le Dimanche 22. iour du mois de Decembre, à quatre heures & demie preciſément apres midy, doit eſtre froide, humide & venteuſe à ſon commencement, accompagnee de pluyes, neiges & gelees : mais entrez que nous ſerons en la preſente annee mil ſix cens vingt, le temps tirera plus à ſiccité qu'à autre conſtitution : ce qui reſpondra aucunement au ſouhait que le Poëte deſire des Laboureurs, diſant :

Humida ſolſtitia atque hyemes optate ſerenas, Agricola.

Maintenant reuenant au temps & ſaiſon, i'eſtime comme i'ay dit, le commence-

C

ment d'icelle humide, froid, obfcur, accompagné de plûyes & neiges. Le milieu
temperé, froid & fec, & la fin plus froide,
tellement que toutes ces chofes confide-
rees ie iuge (nonobftant Saturne gouuerneur de l'annee) icelle deuoir eftre
mediocrement fertile & abondante en la
plus grande partie des biens de la terre:
mais de telle condition nous en parlerós
plus amplement en la reuolution fuiuan-
te du Printemps. Et quant à l'eftat des
corps humains, le Ciel nous promet vn
temps affez heureux & fortuné, & ne feront les perfonnes par trop affaillies de
maladies, excepté que pour la plus grande
part fe monftreront catarres, defluxions,
migraines, & autres douleurs de tefte,
dent fe lamenteront plus que de couftume ceux, qui encores nourriffent en leurs
corps les reliques veneriennes. Se defcou-
uriront auffi aucunes paralyfies pluftoft
particulieres qu'vniuerfelles, & principalement és parties de la bouche, à la lan-
gue & aux iambes, & de cecy font menacees plus que les autres, les Regions, Prouinces & Citez fubiectes au Mouton, au
Scorpion & au Verfeur d'eau, cóme l'An-
gleterre, l'Alemagne, la Bourgongne, le
Dau

Dauphiné, le Piedmont, & plusieurs
autres parties du tiers climat : & aux sus-
dictes Regions & citez aduiendront non
seulement infortunes par maladies : mais
aussi sur la fin de la precedente annee &
du mois de Decembre, le Ciel nous signifie vn cas lamentable, auec vne separa-
tion, &c. de laquelle chose ie ne m'esten-
dray plus auant, mais seulement auec le
Poëte ie diray.

Vadimus haud dubiam in mortem.

Le menu bestail tombera en grandes infortunes, & specialemét de maladies, sur-
uiendront differences entre les Princes &
grands Seigneurs de ce monde, comme
aussi entre les freres & alliez, & ce sera
pour cause des biens, estats, honneurs, di-
gnitez, & pour choses concernantes quelque illustre & tres-excellent Seigneur,
& perseuereront icelles non seulement
en ceste quarte hyemale, mais aussi p es-
que iusques à la fin de l'an. Les lógs voyages ne seront inutiles aux Martiaux &
Ecclesiastiques. Les hommes de science
receuront hors de leurs maisons & en
leurs voyages proufit auec honneur, &
les marchands de bestail n'auront point
d'occasion de se plaindre du Ciel ny de la

fortune. Les femmes tomberont en mille
dangers & difgraces en cefte feule reuolution, comme l'on peut comprendre par
l'eftat du 5.Planete. Vn grand Seigneur
& Prince obtiendra en ce temps du fiege
Apoftolique vne nouuelle difpence en
cas d'affaires,& fe fera vn grand & folem-
nel mariage entre parents. Toutes ces
chofes nous eftans fignifiees & promifes
par Saturne Seigneur de la 7.& 9. maifon
du ciel trouué au commencement de cefte faifon en la douziefme. Dieu fur tout.

De la faifon du Printemps.

LE Printemps ou reuolution de l'annee Biffextile.1620. prendra fon commencement felon les Mathematiciens &
Aftrologues,le 20.iour de Mars,à 7.heu-
res 35. minuttes apres midy,le Soleil en-
trát en la premiere minutte du figne d'A-
ries, qui me fait dire que telle faifon fera
grandement intemperee,par pluyes, froidures,vents,neiges & finalement par feicherefle trop exceffiue,tellement que les
fruicts & femences feront aucunement
intereffees: toutesfois que comme i'ay ja
dit, la cueillette en fera affez abondante,
mais

mais retournant à mon propos, i'eſtime
qu'encores les montagnes ſe couuriront
de neiges,& dés le 20 Mars iuſques à pa-
reil iour d'Auril la ſaiſõ apparoiſtra plus-
toſt froide qu'autrement,& partant faut
icy ſe ſouuenir du dire du Poëte.

Frigora nec tantum cano concreta pruinis.
Et nonobſtant cecy la moiſſon doit eſtre
ample,fructueuſe & mediocrement bonne,& ſera grande abondance d'oliues du
coſté de la Prouence, Languedoc & lieux
où elles croiſſent, mais du vin quelque
peu moins, pour eſtre ſa part regardee de
Saturne. Quant à la diſpoſition & ſanté
de nos corps, ie trouue ceſte reuolution
Printani re deuoir eſtre ſubiecte à pluſieurs & diuerſes maladies toutesfois re-
ſolutiues, & leſquelles pour la plus grande partie procederont d'humeurs phle-
gmatiques,humides &froides,& ſe mani-
feſteront force catarres & defluxions du
cerueau, auec toux & commotions de
membres,tortions de viſage, gibboſitez,
apoplexies, paralyſies,flux de ventre. Et
finalement toute autre eſpece de maladies, qui font dormir & qui procedent de
cauſe froide & humide. Et icy prennent
garde les grands Seigneurs de la terre de

ce que les 3.4.5.6.10.& 14. iour de Mars
le ciel predit à la difpofition de leurs perfonnes, laquelle fignification fe viendra
manifefter en partie vers la pleine Lune
de Iuin, & encores vers l'autre oppofition
du mois de Iuillet enfuinant, & en ce
temps fe verront des fignes en l'air & fur
la terre. Donc confiderant diligemment
l'eftat du Ciel, par les diuers lieux de l'annee, ie trouue qu'il tombera fur la No-
bleffe plufieurs malencontreux accidéts,
rebellions, differents, procez & querelles
plus que mortelles, & à caufe de quelques
femmes illuftres, & pour les biens d'icelles
s'efmouurót de grádes difcordes, & entre
tous les eftats des perfonnes : les femmes
auront cefte faifon plus en leur faueur que
les hommes & domineront & opineront
par deffus leurs maris & autres. Le Bafa-
né caufera de guerres & feditions, &
cherchera par force de s'empatronner
quelque region de l'Europe. Et ay tiré ce
prognoftic du lieu de Venus, en la premiere, deux & troifiefme partie de l'annee : L'eftat des feruiteurs fera bien fortuné. Et quant à ce que Saturne nous menace & prefage indubitablement, ie dis
qu'vn amy ne fe pourra fier en l'autre, &
que

que les ligues & amitiez de plufieurs fe
diffoudront, & l'vn trahira l'autre, & plufieurs efperances & entreprifes demeure-
ront vaines & caffees, comme auffi les
grands Princes de la terre feront des defpences exceffiues plus que de couftume:
Nonobftant toutesfois tomberont fur les
peuples des tributs & exactions infup-
portables, defquelles les Martiaux tirerõt
le proufit, à caufe que plufieurs de cefte
profeffion paruiendrõt à l'amitié & bien-
veillance des Roys, Princes & grands Seigneurs. Et entre toutes les parties du mõ-
de, l'Occident & les parties Meridionales
feront fort trauaillees par guerres : voire
plus qu'aucuns des deux autres, fi Dieu
par fa grand bonté & infinie mifericorde
n'a pitié de fes pauures creatures.

Predictions particulieres fur la quarte Eftiualle.

L'Efté de la prefente annee commencera le 21. iour de Iuin, à 3. heures
20. min. apres midy, le Soleil faifant fon
entree au palais de fa fœur, où pend pour
enfeigne le figne de l'Efcreuice, afcendant

sur noſtre horizon ou terminateur de
veuë, à l'heure ſuſdicte le 7. degré moins
cinq minuttes du Scorpion. Tellement
que tout conſideré, ie dis que la qualité
du temps tirera pluſtoſt à ſeichereſſe &
inflammation exceſſiue qu'autremét:vray
eſt que continuellement ſouffleront quelques vents, la force deſquels ſera plus
grande en mer qu'en terre : Bien que par
iceux ſera faitte quelque furie de temps
pleine de dangers, qui cauſeront infinité
de maux aux biens de la terre, dont s'en-
ſuiuront des tempeſtes, leſquelles toutesfois ſeront plus importunes ſur la mer
que ſur la terre. Et depuis le 26. iuſqu'au
30.de Iuin,le temps doit eſtre tel qu'il ne
ſe trouuera que bié peu de lieux exempts
de mal : Enuiron le milieu & ſur la fin de
ceſte ſaiſon les maladies augmenteront,
& ſera cet Eſté generatif de fievres conti-
nues & tierces, dont les ieunes ſe trouueront pluſtoſt aſſaillis que ceux qui ſont
deſia entrez en la tierce partie de leur aage, aux ieunes, dis-ie, qui ſont depuis la
22. iuſques à la 42.annee de leur aage, &
aux coleriques principalement. Touchát
les affaires du monde la Lune en l'angle
de minuict,mal-voulue de Saturne, Mercure

cure & Mars , le dernier defquels eft Seigneur de l'afcendant , logé en la maifon
du trompeur Mercure , fignifient qu'en
cette reuolutió s'efleueront guerres , dif-
cords & differents entre freres , parens &
alliez, & ce pour occafi d'eftats, preemi-
nences, feigneuries & biens, dõt s'enfuy-
uront grãdes calamitez & cas inhumains.
Et outre que par tels accidens on verra vn
frere fe feparer de l'autre, commettãs en-
tr'eux tromperies & femblables infideli-
tez; & prefque en tous lieux on parlera
fourdement de guerre : Toutesfois par
l'entremife de Venus, il femble qu'à la fin
le Ciel vueille terminer tant de guerres
& difcordes , & fera comme vn refrigere
au pauure monde : neantmoins le bled ne
fera encores bien purgé. Les affaires de la
police, comme Loix, Edicts & Offices feront reformez, & plufieurs chofes renou-
uellees , *Propter militiam, & graue Martis
onus.* Et à caufe des fémes & des biens d'i-
celles aduiendront de grãdes altercations,
dont s'enfuyurõt des mortalitez, vengeã-
ces, cas lamentables & femblables merueilleux ftratagemes. Vn grandMonarque
endoffera le harnois pour certaine expe-
dition, dont il viendra à bout, ce qui ac-

croiſtra ſa reputation Quant aux prix des
viures durant cette ſaiſon, ſelon la cog-
noiſſance que i'en puis tirer par la diſpoſition des Aſtres, ils ne ſeront pas trop
chers, ny auſſi à bon marché, mais il y aura vne certaine mediocrité. Dieu nous
donne ſa ſaincte benediction.

Preſages ſur la ſaiſon de l'Automne.

L'Automne donnera commencement
à la reuolution le 23. iour de Septembre, à deux heures, trois quarts du matin:
mais ſelon les Aſtrologues ſe ſera le 21.
à 14. heures, 45. minuttes du matin, auquel
temps le Soleil entrera au premier frag-
ment de la Balance, ſigne equinoctial. Et
cette reuolution aura le ſigne du Lyon
pour aſcendant ſur noſtre finiteur, & ce
en la derniere dizaine d'iceluy, tellement
que voyant ce que le Ciel promet, ie dy
que le temps ſera fort commode, beau &
ſec, ce qui cauſera peu de maladies contre l'ordinaire de cette ſaiſõ: mais bien cõ-
tinuation des precedentes, à cauſe de l'inconſtance & mutabilité du temps ſur la
fin de cette quarte Automnale. Les hommes durant icelle s'addonneront à choſes
plai

plaiſantes & ioyeuſes,voluptez, ſoulas &
banquets,& à ſe parer d'habilemens,por-
ter choſes odorantes, anneaux,pierreries
precieuſes & choſes ſemblables:les ſcié-
ces ſeront en credit , & les hommes let-
trez en eſtime ; à cauſe de leur eſtude , eſ-
quelles ils ſeront addonnez en cette ſaiſon plus qu'en la precedente, nonobſtant
la retrogradation de Mercure ſous le ſigne de la Balãce.Les Roys & Monarques
ſouuerains de la terre , comme auſſi les
Princes ſe trouueront en toute bonne diſpoſition,Dieu aydant , tant de leurs honneurs,dignitez & eſtats , comme de leurs
perſonnes , encores que Iupiter en la 10.
maiſon du Ciel,reculant ſous le ſigne du
Taureau leur ſoit fort contraire. Et ſera
cette reuolution aſſez pleine de biens.
L'eſtat des Marchans, voyageurs & ſem-
blables multipliera plus que de couſtu-
me.L'eſtat des ſeruiteurs ſera fortuné,ce-
luy auſſi des troupeaux & menu beſtail,
comme brebis,moutons & leurs ſembla-
bles.Quelques Eccleſiaſtiques, & grands
Beneficiés ſont menacez de grandes pertes & afflictions,voire meſme de mort les
aucuns:Car le Ciel menace beaucoup les
Mercuriaux& leur eſtat.L'aſpect de Mars
à Mer

à Mercure de la maison de prison à la 3.
pronostique que plusieurs villes, terres &
chasteaux des nobles auront à souffrir par
sieges, machinations & ruynes. En ces
iours-là les plaisirs moindains seront en-
seueliz, & n'y aura estat de personne heureux, excepté celuy des Martiaux, si Dieu
par sa grande bonté ne regarde de son œil
de misericorde ses Creatures, & retire
d'eux les verges de sa iustice, ce qu'il fera
s'il luy plaist, comme ie l'en supplie bien
humblement.

PRE

PREDICTIONS AMPLES

du changement & mutation de l'air, selon le cours & influence des Astres sur les lunaisons des douze mois de l'an de Bissexte, mil six cens & vingt.

IANVIER.

Affaire bien brouillee, estranges factions,
Propos de mariage, ire & fiere vengeance,
Plusieurs seront ruinez, reduits à l'indigence,
Prou de meschans bannis, nouuelles pactions.

POur le commencement de cette annee Bissextile 1620. ie trouue qu'il se ressentira encores du dernier quartier de la derniere Lune de l'an precedent, par vne continuation de froidures, neiges, brouillards & pluyes continuelles, accompagnees d'vne mauuaise constitution de temps inconstant & variable. Toutesfois ce ne sera pas à mon aduis sans quelque iour assez serain selon

l'Hy

l'Hyuer. Cependant les vents Occidentaux braueront en aucuns endroicts estrã-
gemét,de sorte que les mal-armez n'ose-
ront comparoistre deuant sa face, mais
approchant la nouuelle Lune ils bride-
ront leur colere, & se tiendront vn peu
plus coys & paisibles, combien qu'ils
pourront bien estre cause que les Nym-
phes seront arrestees d'vn lien glacial,
tellement qu'elles seront contrainctes
endurer qu'on leur passe sur le ventre.
Ce grand Seigneur vestu de rouge, celuy
mesmes dont i'ay parlé en mes Epheme-
ris precedens, sera durant ce mois & autres suiuans en grand credit par tout,com-
me estant caressé d'vn chacun.

Nouuelle lune & la premiere de cette annee sera le 4. iour du mois de Iãuier,
à huict heures, 14.minuttes du soir. Mercure empruntant le logis de Saturne, en
intention de le faire enrager par ses pour-
menades, allees & venues de droict, de
gauche & de trauers, qu'il y sera iusques
à la fin du mois de Mars prochain soufflera dés le beau commencement, & pour
sa bonne entree, vn vent froid à merueil-
les, de sorte que les plus delicates se reti-
reront bien viste, pour se trouuer au
coing

coing d'vne cheminee , afin d'euiter l'in-
iure du temps , qui fera eftrange (où doit
eftre) par vn froid ferme , ferré & à bon
efcient,qui durera iufqu'au iour, ou le lé-
demain qu'on aura fait l'election (felon
la loüable couftume des anciens) d'vn
Roy de la Febue, que le Ciel fe troublera
& monftrera vn vifage noir & trifte, faifant femblant de vouloir neiger ou pleu-
uoir , & i'ofe prefque affeurer qu'il viendra iufques-là,toutesfois entre tant de di-
uerfitez & inclemences de l'air pourra
bien eftre que le huict ou 9.iour fera affez
beau & temperé en toutes fes qualitez felon cette faifon. Cependant les mal-ve-
ftus feront dangereux aux pleurefies &
colicques. Durant ce mois on entendra le
bruict en plufieurs endroits qu'vn fouuerain Capitaine fera beaucoup malade:
voire en danger de fa perfonne:autant en
dira-on d'vn ancien Prelat, qui fera tour-
menté d'vne fieure ou defluxion de gout-
tes, qui luy tombera fur les bras & les
mains,& luy donnera occafion de penfer
à fes affaires particulierement, & fans y
faire autrement femblant.Icy les Princes
& grands Seigneurs de la terre auront de
grandes fafcheries : toutesfois la prudence

ce & bon conseil d'iceux mettra bon ordre à tout; ce qui sera suiuy d'vne extreme
alegresse d'vne part & d'autre. Dieu le
vueille.

Premier quartier se fera le 12. iour du
present mois, à huict heures, 46. minuttes
du soir. La Dame Venus trouuee au milieu
du Ciel, se joüant auec la queuë du Dau-
phin, & Mercure se voulant coucher auec
elle, joinct l'inimitié que ces deux bonnes
personnes ont auec la Lune, seront cause
d'vne grande variation & diuersité de
temps froid, qui se couurira incontinent,
ie dy au plus tard le iour sainct Remy ou
sainct Hilaire, & nous menacera de neiges aux montagnes, & de pluye aux lieux
bas, joinct qu'Æolus ouurira ses portes &
soufflera à ioües enflees : voire qu'à grande peine s'appaisera-il qu'enuiron le 15.
ou 16 iour, les larmes ne luy tombent des
yeux, ou peu s'en faudra, tant il sera deso-
lé. La cheute de quelques aduancés en
biens & dignité causera vne grande deso-
lation à ceux & celles qui auront mis
leur confiance en eux pour leur aduance-
ment, & se verront frustrez de leur atten-
te. Au surplus ie ne veux oublier que des
sentences & arrests, qui se donneront en

ce témps pour domaines & heritages des morts, les vnes ny les autres parties n'en feront gueres contentes, dont aduiendrôt de grandes miseres.

Pleine lune se monstrera la veille de la feste sainct Sebastien, Dimanche 19. iour du present mois, à 45. minuttes apres midy, qui me fait iuger veu l'affectió que luy porte Iupiter, qu'elle sera à l'instant belle, claire & moderee selon la saison où nous sommes. Mais bien tost apres i'ay grand peur que par l'oppositió de Venus à la lune, du signe d'Aquarius à celuy du lyon, il y ayt de l'inconstance grande, par bruynes, neiges fondantes, pluyes subites & par fois fascheuses, auec gelees, desgelees, regelees & vents froidureux, qui nous souffleront à l'entour des oreilles, depuis le 22. ou 23. iour iusques bié pres du dernier quartier. Il est vray qu'ó pourra bien rencontrer quelque iour qui sera serain, clair, & sec. Le Soleil, Venus & Mercure sous vn des signes de la nature & qualité aërienne demonstrent qu'en la terre du Verseur d'eau seront tramez des conseils de grande desloyauté, cautelle & infidelité; ce ne sera que tromperie, fraude & dissimulation, pour venir à bout de

D

leur entreprise, principalement entre les Marchands, & negotiateurs.

Dernier quartier sera le 26. iour de ce mois, à vnze heures, moins deux minuttes auant midy, qui me faict dire à cause du signe ascendant sur nostre hemisphere à l'heure susdicte, que le Ciel sera couuert, froid, humide, pluuieux & neigeux, selon les effects de la Lune regardant Saturne d'vn trine aspect, ou luy elle, & ce à cause qu'il est en sa retrogradation, ce qui sera cause que le temps sera tant plus fascheux par vn orage froid & vne siccité glaciale, qui se monstrera aspre & rigoureuse, principalement aux parties Septentrionales, & mesmement sur la fin de ce mois, ou commencement du suyuant, de façon que plusieurs confesseront estre plus froidement traictez que les supposts de Venus chaudement, alors qu'ils sont aux estunes, & que les dents leur branslét en la bouche, comme les touches d'vn clauier d'espinette, alors que les doigts d'vn bon sonneur d'orgues les manient. Quelque grande Princesse se resiouyra grandement pour voir aller ses affaires de mieux en mieux, de maniere que par des aduis qu'elle aura de plusieurs endroits

elle

elle entreprendra des choses de grande
consequence, ce pendant la paix tant de-
siree se mettra en auant.

FEVRIER.

Malheureuse entreprise entieremēt destruicte,
Entre proches parens grandes dissensions,
L'Eglise regnera: & les seditions   (fuite,
Contraindront leurs autheurs de gaigner à la

NOuuelle lune sera le 3. iour du present mois de Feurier, à trois heures,
18. minuttes apres midy, qu'alors elle se
trouuera ioincte auec Mercure retrogra-
de en la 8. maison du Ciel, qui nous donnera vn mauuais temps d'Hyuer, par froidures & humiditez : voire par vents Septentrionaux, bruynes, broüillards, pluyes menues & neiges fondantes aux montagnes principalement. Toutesfois d'autant que cet esceruelé commence à pren-
dre son chemin deuers l'Orient, cela sera
cause que l'air se monstrera par fois assez
doux & moderé, auec vne temperature
gaillarde selon la saison. Quelque grand
Hesperien aura bien mal en la teste, non

pas tant par fieure , ou autre maladie,que
par colere & fafcherie pour les côtinuel-
les nouuelles qu'on luy apportera que ses
fubiects fe mutinent toufiours , & qu'aucuns fecrettement & par deffous leur en-
tretiennent les armes. Dieu fçayt fi de
loing il menacera furieufement ayant
l'efpee à la main.

Premier quartier fera le 11. iour du
prefent mois , à huict heures & demie,
vne minutte moins, du matin. Selon l'afcendant le temps doit eftre doux,bening
& attrempé , toutesfois il y aura des endroits où les vents fouffleront tempeftu-
eufement,dont le Nautonnier, qui vogue
les ondes falees prendra garde , & toft
apres le Ciel fe monftrera fort couuert,
noir & obfcur, & nous menacera de ne
changer ce vifage , que premierement il
ne nous ayt donné de la pluye. Icy le fort
Bafanné entreprendra de nouueaux ftratagemes de guerre,& d'vn grand courage
voudra fubuertir & deftruire tout ce qui
fe trouuera à la rencontre. Se commettront en ce temps des faccagemens,pille-
ries & affaffinats horribles , auec des tra-
hifons & menees fecrettes, pour furpré-
dre les perfonnes:mais les entrepreneurs
en

en seront exemplairement, & seuerement
punis selon leurs demerites Dieu sur tout.

Pleine Lune sera le 17.iour du present
mois,à vnze heures,9.minuttes auant minuict : la qualité de laquelle sera froide,
venteuse,glaciale & obscure,auec menaces de se descharger plustost aux montagnes qu'aux lieux bas , combien qu'ils en
auront assez leur part : car les humiditez
froidureuses ne seront pas encor finies.
D'autant que sur la fin l'Hyuer (à mon
aduis) doit desployer toute sa rigueur &
cruauté,par vents froids,gelees,desgelees
& pluyes enuiron le 19.de ce mois. Ie ne
veux pas passer sous silence que le grand
Pirate se trouuera en danger de sa vie par
maladie,ou autrement. Tandis les gens
de guerre veilleront pour trouuer le moyé de susciter Mars,qui ne sera captif qu'à
demy:mais Dieu conduira leurs entreprises à neant, s'il luy plaist.Les toux , catarres,defluxions, & maux de cœur, afflige-
ront extrememement leurs hostes , desquels
plusieurs mourront.Dieu sur tout.

Dernier quartier sera le 25. iour de ce
mois,à cinq heures, 49. minuttes du matin,qui me faict dire que la constitution
du temps sera aucunement trouble, cour

uerte & chargee , menaçant de pluye faf-
cheufe en des endroicts,& en d'autres affez legere & douce,auec femblant que le
Ciel fe voudra defcharger d'vne partie du
mauuais temps precedêt,mais ie me doute que fur la fin de ce mois les froidures
ne fe monftrent prefque autant grandes
qu'auparauant & vn air inconftant & fort
inclement. Les vents fouffleront & ne
cefferont pas qu'ils ne nous ayent donné
de la pluye le 1.ou 2.iour de Mars au foir.
Icy les maladies diminueront grandement , & tirera la plufpart à vne gueri-
fon,par le moyen des doctes Phyficiens,
& la follicitude des bons & diligents
Apothicaires. Il nous eft fignifié qu'vn
grand Prince entrependra vn voyage
loingtain auec deliberation d'executer
ou faire executer quelque haut faict.
Dieu vueille que tout reuffiffe à fon honneur, & au contentement d'vn chafcun.
Ainfi foit-il.

MARS

MARS.

Plusieurs nouueaux debats, querelles & pro-
L'argent sera le but de toutes nos visees: (cés:
Pour les vieux le desir sera leur prōpt decés,
Afin de posseder leur bougettes dorees.

NOuuelle Lune sera le iour des Cendres, à huiсt heures, 45. minuttes du
matin. Le temps, selon mon aduis, sera du
commencement assez variable, à cause de
l'assemblee de Mars auec Venus, & de l'i-
nimitié que Saturne porte à la Lune, qui
feront que les froidures, vents, pluyes, &
peut estre les neiges seront fascheuses, accompagnees d'vne mauuaise constitution
d'air. Toutesfois il semble qu'incontinent
apres il y aura quelque moderatiō & vne
temperature meilleure, non de duree. Icy
arriueront de grādes nouuelles à la Cour
des plus grands, auec infinis rapports,
estonnemens & inuentions de parolles
mensongeres. Du costé des suiects des
Bessons : voire de l'Escreuice viendra vne
subite frayeur aux gens qui s'enfuiront, &
ne sçauront bonnement où , du grand
trouble qu'ils auront la pluspart par ad-

uex

uertiſſemens des craintifs & moins aſſeu-
rez, leſquels gaigneront au pied ſans que
nul les pourſuyue. Dieu les aſſeure.

Premier quartier ſera le 11. iour du
preſent mois, à cinq heures 18. minuttes,
apres midy, qui ne ſemblera pas du tout
entierement à ſon inſtant eſtre addonné
à malice de temps : mais aura grand deſir
de rendre le Ciel calme & ſerain. Mais
comme Mercure l'inconſtant prend ſon
logis aux Poiſſons, & qu'il ſe couche auec
la Harpe, il ne faut pas douter que nous
n'ayons incontinent apres des vents, pluyes faſcheuſes & autre variation de l'air,
qui cauſeront de grands accroiſſemens
d'eau au plat pays. Au reſte voyant en
cette quadrature l'aſſociation de trois
Planetes, à ſçauoir, Iupiter, Mars & Venus, ie ſuis aſſeuré que maints perſonna-
ges ſeront en danger d'auoir de terribles
aduenemens, inimitiez, captiuitez & tra-
hiſons. Le bon & bening Iupiter nonobſtant tous remuemens particuliers & em-
priſonnemens d'aucuns ſera cauſe que on
parlera d'vne pacification, & prendra-on
peine de mettre le monde en repos. Les
maladies precedentes continueront : combien que ie preuoy s'il me ſemble, qu'el-

les

les ne seront pas si dangereuses. La toux
aura principalement regne. Dieu sur tout.

Pleine Lune se fera le 18. du present
mois, à dix heures & neuf minuttes auant
midy. Selon le signe ascendant la constitution de cette pleneur doit estre aucunement couuerte, chargee & trouble, auec
menaces de pluye, broüillards & vents le-
gers, combien que dés le lendemain il y
pourra bien auoir meilleur temps plus
temperé & moderé, de sorte que les ob-
scuritez seront dechassees & la plaisante
face du Soleil descouuerte. Mais ie me
doute cependant qu'il y aura bien peu
d'arrest au reste, se monstrant l'air grandement variable, auec grande pluye &
frescheur. Quelque illustre personnage
pourra bien estre attaint d'vne fieure tierce ou continue, auec extreme douleur de
teste & alteration, s'il n'y pouruoit de
bonne heure par le conseil de son Physi-
cien ordinaire. Et qui plus est (s'il ne s'en
prend garde) il sera en danger paradoan-
ture poursuiuant ses ennemis, faisant
quelque entreprise sur eux, ou par autre
moyen, dont il sera grandement esmeu &
fasché, estant & demeurant pour la plus
part du temps, sombre, triste & melanco-

E

lique. Dieu le vueille bien refiouyr.

Dernier quartier fera le 26. iour de ce mois, à demie heure, & trois minuttes apres minuict. Venus entrant en fa maifon où pend pour enfeigne le Bœuf, & l'afcédant eftant au Sagittaire feront la caufe que le temps fe troublera & nous donnera du vent & de la pluye frefche, auec autre variation de l'air. Toutesfois Mars fe leuant auec les petits Cheureaux celeftes, & Venus fe couchant bien durement fur les cornes du Belier, s'efforceront de leur pouuoir d'efclaircir le ciel, & le rendre plus beau & attrempé, enuiró le 28. ou 29. iour, combien que peut eftre elle ne pourra pas tant faire que bien toft apres les vents ne foufflent & nous rameinent des pluyes fafcheufes, principalement fur la fin de ce mois, & commencement de l'autre qui s'enfuyt. Et i'oferois prefque dire qu'il y aura des lieux où fur le defaut de cette Lune les tonnerres refonneront donnans des efclairs & corufcatiós eftranges, qui ne fignifieront gueres de bien à ceux qui les verront & entendront. Icy on dira forces nouuelles des entreprifes des grands. Les Septentrionaux auront vne fubite frayeur, les autres

s'en

s'en reſſentiront, & par des eſtonnemens vains & inuentions de parolles menſongeres.

AVRIL.

Grāds, ô doublemēt grāds, gardés q̃ la fortune
Qui vous a colloqués au cōble de voſtre heur
Ne face faire vn tour à ſa roüe importune,
Et vous contraigne cheoir de voſtre heur en
  mal-heur.

NOuuelle Lune ſera le 2. iour du preſent mois, à vnze heur. vingt minuttes du ſoir, qui me faict dire que elle ſera ſombre auec menaces de pluyes legeres, de peu d'importāce & peut eſtre ſās effect. D'autant que l'horoſcope de cette conionction lunaire ſe faict ſous le ſigne de l'Archer, qui promet vne douce téperature & chaleur preſque eſtiualle : combien que les matinees ſeront encor aſſez freſches, ainſi que pluſieurs à leur leuer ne pourront du tout poſer bas les fourrures. Quelque grand Prince entreprendra vn voyage loingtain en deliberation de pacifier ſes ſuiects, mais il trouuera en ſon chemin beaucoup d'incommoditez.

Premier quartier fera le 9. iour de ce
mois, à vnze heures, 42. minuttes auant
minuict, qui me faict predire le temps deuoir eftre attrempé & de fort bonne mo-
deration, auec vne temperature douce
& paifible: voire toute propre pour aduã-
cer les fruicts de la terre & faire bour-
jonner les petits arbres des terres Occidentales & Septentrionales. Et de ce
bien nous en fçaurons gré au bon Iupiter
& au Soleil: voire mefmes à Mercure, qui
tous trois fe trouuent en mefme logis, à
fçauoir, en l'hoftellerie du Mouton d'or.
Toutesfois que Saturne & Venus fe four-
rans à la trauerfe, nous entretiendront vn
air frais & inconftant, fuiuy de vents &
pluyes.

Pleine Lune apparoiftra le 16. iour, à
dix heures & vn quart du foir. Qui me
faict dire que le temps fera frais, venteux
& pluuieux, auec frequente obfcurité. Il y
aura toutesfois des iours affez allaigres,
doux & paifibles. Mais incontinent apres
le 20. iour fur les deux ou trois heures a-
pres midy ie crain vn recommencement
de pluye ou neige fondue. Les machinations & entreprifes bellicques du cofté de
l'Efcreuice continueront & auront lieu.

Der

Dernier quartier ſe fera le 24. iour du preſent mois,à ſept heures 23.minutes apres midy. Selon l'aſcendant ſur noſtre terminateur, ou demy ſphere à l'heure ſuſdicte. Ie dy (d'autant que c'eſt 'le Scorpion) que le temps ſera couuert & obſcur,auec des nuees noires en l'air, qui produiront de la pluye freſche copieuſement,& enſemble des vêts tempeſtueux, non ſans tónerre & greſle.Il eſt bien vray qu'enuiron le 27. doit eſtre aſſez doux & beau : mais depuis-là il n'y aura que de l'inconſtance. Se commettront infiniz larcins & expoliations , dans les maiſons des pauures villageois.

M A Y.

Grandes ſubmerſions & non ouys naufrages,
La peſte empeſchera maints côplois factieux,
Aux pauures Villageois ſeront faicts maints
*   outrages,*
Dont ils deploreront leur ſort pernicieux.

LA nouuelle Lune ſera le ſecond iour de ce mois, à vnze heures vn quart moins deux minuttes auant midy,le commencement de laquelle doit eſtre frais,

fec & venteux aucunement,non fans obfcurité de l'air, auec nuees efpaiſſes, leſquelles fe conuertiront en pluyes fortes,
& au lieu que la chaleur deuroit s'aduan-
cer,nous fentirons encor du froid, non
fans menaces de tonnerre & grefle, qui
tombera enuiron le 5. iour:Toutesfois le
bon Iupiter promet quelques iours plus
beaux, ferains & attrempez. Mars eſtant
trouué au haut du Ciel, auec le Soleil &
Iupiter qui n'é eſt pas loing,fignifie toufiours des factions fanguinolentes,& que
fe commettront d'execrables cas en la
terre des Beſſons & du Cancre, fans ré-
fpect d'aucū fexe,aage ny qualité de perfonnes, ô que d'extorfions, faccagemens
& pilleries.

Premier quartier fera le 9. iour, à 5.
heures quatre minuttes du matin.La difpofition de l'air femble à ce commencement eſtre froide,humide, fombre, venteufe & pluuieufe, tendant à meilleur
temps,plus ferain,fec & moderé, conbié
que toufiours il y aura de la frefcheur
matutinalle accompagnee d'vn orage
fraiz,qui caufera vn retour de pluye ,en-
uiron le 12.iour,auec quelque menace de
tonnerre. Icy le grand Oriental endurera

de

de grandes incommoditez à cause de ses
ennemis opiniaftres, qui luy feront faire
defpences ineftimables. Au refte quelque
Prince courageux fera bien fecrettement
des preparatifs de guerre, mais difficile-
mét pourra-il executer fes deffeins, trouuant beaucoup d'empefchemens, qui le
contraindront de changer d'opinion &
pofer les armes pour cefte fois. Dieu par
fa bonté le raduifera.

Pleine Lune fera le 16. iour du prefent
mois, à vnze heures, cinq minuttes auant
midy. Selon le iugement que ie puis tirer
par la figure celefte dreffee à l'heure de
cefte pleneur: Ie dy que le temps fera grã-
dement variable, par vents frais, obfcurité, nuages & vapeurs aquatiques. Toutesfois à caufe de l'entree de Mars au
figne des Gemeaux, qui eft domicile de
Mercure, il féble qu'il y doit auoir quelque iour beau, ferain & gracieux: Mais de
peu de duree, pour le fubit retour du
mauuais temps trop frais, venteux, tempeftueux & grefleux. Vn grãd Monarque
& dominateur des lieux occidentaux
eflira des perfonnages magnanimes, auf-
quelles il donnera charge d'executer
quelques expeditions, pour le venger des

E 4

iniures à luy inferees. Dieu fur tout.

Dernier quartier fera le 24. iour, à 1.
heure moins cinq minuttes apres midy.
Cette quarte lunaire ayant pour afcendant le figne de la pucelle Erigone, qui
eft l'hoftefle du Meflager des Dieux, le
rendra venteux, nubileux & couuert,
dont s'enfuyura de la pluye & autre variation de téps mal propre pour ceux qui
voudrót coupper leurs foins: vray eft que
cette intemperature ne fera pas de duree,
retournát auffi toft à ferenité, chaleur &
feicherefle, puis derechef changé à toute
variation.

Nouuelle Lune pour la feconde fois
en ce mois, & par embolifme le dernier
iour d'iceluy, à huict heures, vn quart &
deux minuttes du foir, fous le figne des
Gemeaux, qui me faict iuger que cette
quadrature doit eftre encor vn peu frefche, venteufe & fombre, non fans menaces de pluyes legeres de peu d'importan-
ce, tendant apres à chaleur & feicherefle:
voire à vn temps beau, ferain, doux, temperé, gaillard & commode, pour les biens
de la terre. Si eft-ce que ie crain que le 1.
ou 2. iour de Iuin nous n'ayons des ca-
nonnades: le refte de cette nouueauté ne

                        fera

sera qu'inconstant & variable, ne se pou-
uant passer de pluye. Plusieurs se voyant
trompez de leurs desseins és terres des
Gemeaux, du Cācer & du Verseur d'eau,
derechef s'assembleront & conspireront
des trahisons par feux dommageables,
lesquelles estant descouuertes seront mi-
ses à neant par leur souuerain.

IVIN.

Pasteurs gouuernerōt en paix leurs bergeries,
Sās peine, sās debats, sans guerrieres fureurs:
Dans l'orageuse mer des nauires peries:
Cas horrible, & remply d'effroyable terreur.

PRemier quartier sera le iour de Pentecoste, à dix-heures, trois quarts &
vne minutte auant midy. Qui me fait iuger veu la disposition de Mercure, que
l'air sera sec, beau & venteux grandemēt,
balançant d'vne petite frescheur matutinale à vne chaleur plus grāde, qu'elle n'a
pas encor esté, auec vne aggreable tēpe-
rature & douceur de l'air, non sans pluye,
qui pourra tomber enuiron le 9. ou 10.
iour, & sera cause de quelque coup de tō-
nerre. En ce temps on cognoistra force

hypocrites , qui ſous apparence de bonté
& preud'hommie , executerõt mille frau-
des,impoſtures & meſchancetez,leſquel-
les eſtant miſes au iour par la permiſſion
Diuine,on les cõtraindra d'entrer en pri-
ſon,quelques hauts à la main qu'ils ſoyét,
d'où ils ne ſortiront pas quãd ils voudrõt.
Petits enfans cauſeront de grãdes faſche-
ries à leurs nourrices,qui les verront mou
rir dans leurs girons,de verolles , & vers.
Les ſieures auront place chés les plus
aagés.

La lune apparoiſtra eclipſee lors de ſon
oppoſition au Soleil , c'eſt à dire , à l'heure de ſa parfaicte pleneur , le lundy 15.du
preſent mois,à vne heure apres minuict.
Saturne,Mars & le Soleil tournant le dos
à la lune,qui pour tout reconfort mignot-
te ſon Dragon par la teſte , ſeront cauſe
que le téps ſera variable,inconſtant,trou-
ble,frais,venteux,auec menace de pluye,
peut eſtre ſans effect,ſi par aduéture quelque coup de tõnerre n'en fait tomber enuiron le 16. ou bien l'eſuété Mercure cõ-
mençant à cheminer droict en vn ſigne
humide, comme il en eſt aſſez liberal en
cette maiſon-là. Au reſte entre tous ces
iours muables ,nous en aurons de beaux,
mo

moderez & chauds: voire auec touffeur, mais ils feront en petit nombre. En cest endroict ie ne veux passer sous silence les preparatifs des Thraciens & mesmes des Byfantins, ensemble les embusches & belliqueux stratagemes qu'ils dressent pour enjamber sur les Chrestiens: mais ce sera à la grande confusion de l'entrepreneur, & à sa tarde repentance, se trouuant ailleurs assailly par guerres nauales & terrestres, à son grand interest & dommage. Dieu le vueille ainsi.

Dernier quartier de la lune sera le Mardy, vigile de la feste sainct Iean Baptiste, vingt-troisiesme iour du present mois, à 4. heures, vn quart, du matin. Par le quart aspect de Saturne, & Mars à la Lune, ie prefigure vn téps assez beau, clair, luisant, chaud & gaillard, auec vn vent doux, salubre & bening: mais dés le lendemain le Ciel estant couuert d'vn voile noir, fera semblant de nous ietter de la pluye, & peut estre viendra iusques là, combié que ie ne le puis du tout asseurer voyant tant de variation en l'air, qui se monstrera ores beau, chaleureux & ardant, & incontinent apres obscur & chargé, auec menaces de pluyes, qui sortiront leur effect le 2 3.iour à vne heure apres minuiχ:mais principalement ſur les approches du de-faut de ceſte lune, où nous deuons eſtre moüillez tout noſtre ſaoul,& ſi ne ſerons pas quittes, à mon aduis,de quelques tó-nerres & eſclairs , qui ſe feront entendre & voir, alors qu'on y penſera le moins. Quelque grand conſtitué en dignité au-ra vne mauuaiſe attainte à ſa ſanté,laquel-le aduiendra pluſtoſt par faſcherie & co-lere qu'autrement. Dieu luy ſoit en ayde.

Nouuelle lune ſe fera le dernier iour de ce mois,à quatre heures,ou enuiró du matin. La face du Ciel ſe doit monſtrer triſte,& ne faudra pas bié toſt apres d'ou-urir ſes portes, pour nous reſpandre deſ-ſus vn deluge d'eau d'vn coſté , & nous ennoyer des tonnerres , coruſcations & greſles de l'autre, meſmement le 3. iour de Iuillet.Icy le foudre doit tóber (ſi Dieu ne l'empeſche) ſur quelque haute tour, clocher ou chaſteau aux champs, ce qui en eſtonnera pluſieurs. Et combien que l'air grincera & ſera faſcheux à merueil-les,menaçant de dommages irreparables, ſi eſt-ce que depuis les 4. iuſques ſur les vnze heures du 5.iour,nous deuons auoir vne belle,gracieuſe & aggreable tempe-ratu

rature. Durant ceste lune vn beau vieillard,dont i'ay faict mention ailleurs,fub-
ject à l'Efcreuice, fera bien fafché en fon
efprit,pour les trauerfes qu'on donnera à
luy & aux fiens , en fes biens Ecclefiafti-
ques,& fe tourmentera tant auant que la
fieure le faifira au collet , & luy caufera
des defluxiôs fur les bras,mains & pieds,
auec danger en fa perfonne. Dieu luy foit
en aide & à nous auffi,s'il luy plaift,par fa
grande bonté & mifericorde.

IVILLET.

Le peu de foing d'aucuns perdra leurs heri-
Querelles & debats,procés,diuifion: [tages:
Peu d'effect,mais affez de babillards lägages:
Gräds threfors defcouuerts:nouuelle inuëtiõ.

PRemier quartier fera le 6. iour de ce
mois,à fix heures , 46 minuttes apres
midy. La conftitution de l'air doit à ce cô-
mencement eftre fombre , venteufe , pe-
fante, auec touffeurs & chaleurs eftiua-
les,non telles toutesfois qu'il feroit bien
requis,tendant apres à mutation & changement en pluyes,tónerres,efclairs &au-
tre mauuais téps,mefmement le Ieudy 9.
iour

iour. Toutesfois de là en auāt il fera femblant de monſtrer meilleur viſage, plus ſerain & beau, mais qui ſera de peu de duree : Car ſubitement l'air ſe couurira &
retournera à eſtre trouble & frais, auec
menaces de pluyes & autre variation en
l'air, mal à propos pour la maturité des
bleds. C'eſt vn cas eſtrange de la grande
inconſtance du temps que nous voyonſ
continuer ordinairement. Mais qu'eſt-ce
que cela preſage ? l'en laiſſe le iugement
aux autres plus huppez en la iudiciaire,
& mieux preuoyans les choſes futures
que moy. Prions Dieu qu'il change l'influence des aſtres.

Pleine lune ſera le 14. iour du preſent
mois, à trois heures, 46. minuttes apres
midy. Mars le furieux trouué depuis peu
allant à la chaſſe auec le grand chien dans
les foreſts du ciel, fera que ceſte conſtitu-
tion de temps ſera pleine de touffeur &
peſanteur faſcheuſe & difficile à ſuppor-
ter aux humains. Se leueront auſſi durant
ceſte pleneur certaines bourraſques, auec
des nuees qui feront enceintes de tóner-
res, fulgurations & pluyes chaudes, qui
ne feront gueres de bien aux vignes &
autres fruiěts de la terre. Cependant le
20. iour

20. iour doit eſtre plus temperé en toute
douceur. Mais le lendemain le ciel retournera eſtre ſombre tout ſubitement, &
nous donnera derechef de la pluye. Les
inimitiez du temps paſſé ſe preparent encores derechef & tomberót ſur les hommes, leſquels ſe procurerót diuerſes incó-
modités, & pertes pour ſe vengẽr les vns
des autres : Tandis la Parque filandriere
moiſſónera tant le meur, que le verd des
humains. Tel moins y penſe, qui ſera le
premier attrappé.

Dernier quartier ſe fera le iour de ſaincte Marie Magdaleine, à cinq heures, 14.
minuttes apres midy. Par la conſequence
que ie puis tirer de la figure celeſte, dreſ-
ſee à l'heure de cette quadrature, ie dy
que l'air doit eſtre grandement venteux
& tempeſtueux, à cauſe de l'inimitié que
Mercure porte à la Deeſſe Lucine, dont
par deſpit elle le chaſſera de ſa maiſon, &
le contraindra de coucher ſur le paué, ſi
le Soleil ne luy preſte vne pauure chambre, ce qu'il fera par pitié, & alors il ne
faillira pas de ramener encor quelque
freſcheur & obſcurité en l'air, qui n'ad-
uancera de rien les moiſſons. Le temps
apparoiſtra maling, auec orages, tonnerres,

res , corufcations & pluyes , & n'aura en
foy aucune tenuë ny arreſt. Quelques
vns de grand lieu,qui par les annees,pre-
cedétes eſtoiēt en extremes maladies de-
ſireront leur aduenir quelque mal qui les
fiſt mourir promptement , pour ne tomber en des maudictes calamitez qu'ils at-
tendent. Icy on aura vn grand dommage,par quelques malheureufes entreprifes,perte d'amis & inimitiez auec les fiés,
comme auſſi pour fe fier par trop en des
hommes peu loyaux. Dieu fur tout.

Nouuelle lune fera le 29. iour de ce
mois,à onze heures dix minuttes auant
midy. Par le iugement que ie puis tirer
du figne afcendant fur noſtre horifon,à
l'heure de cefte conionction lunaire,ie dy
qu'elle fera fombre, bruineufe , obfcure,
vaine & touffante,auec menaces de pluye frefche (eſtrange en cefte faifon) qui
tombera le dernier iour de ce mois ou le
premier du fuiuant , tendant apres à vn
affez beau temps,chaud & fec,iufques au
3. iour du mois d'Aouſt, que Mars aura
enuie de tirer quelque coup d'artillerie,
pour nous faluer çà bas & faire entendre
l'entreprife qu'il a faict de remuer mef-
nage du coſté de la Gaule Celtique, Bel-
gique

gique & de celle des Braguefques. Quelque grand & fouuerain fe trouuera grandement ioyeux pour des nouuelles ag-
greables qu'il receura, ce neantmoins il
fera amas de gens, pour les enuoyer là où
befoin luy fera, afin d'obuier aux fecrets
maniemens de tumulte & rebellion, qui
arriuent fouuent. Les pauures malades
font grandement à plaindre, tãt par le mal
qu'ils fouffriront, que par la mauuaife cõ-
ftitution du temps fi chaud , que les plus
fains ne fe pourront tenir. Dieu fur tout.

A O V S T.

Pauures endureront mille & mille miferes:
Voyageurs, gardés-vous des brigands & vo-
  leurs:
Trop de faux monnoyeurs: nouuelles menfon-
  geres:
En pays eftrangers nouueaux Ambaffadeurs.

PRemier quartier fera le 5. iour du prefent mois, à 5. heures 26. minuttes du
matin, qui fera à fon inftant aucunement
trouble, obfcur & obnubilé, auec menaces de pluye chaude & danger de foudre,
tonnerre, grefles & fulgurations , mefme-

F

mét le 8.iour le foir.Toutesfois proche le
declin de ce quadrat,& enuiron le lundy,
Iupiter fe parforcera de nous ramener vn
temps beau,ferain , clair & doux : mais à
caufe de Mars   le mutin, & mefchant,
qui tourne le dos à la Lune, ce fera defia
auec vne frefcheur matutinale , non encores trop accouftumee, qui fera caufe
que les raifins ne pourront fi toft venir à
leur maturité. Au demeurant, ie me doute que fur les approches de la pleine lune , le Ciel ne foit derechef trifte & cha-
grin,faifant femblant de rendre quelques
larmes,dont on fe pafferoit bien. L'enfãt
d'Alcmene cherchera tous moyens pour
executer quelques grandes entreprifes,
proiectees de long temps en fon efprit,
mais on l'empefchera.

Pleine lune fera le 1 3.iour de ce mois,
à fept heures , quinze minuttes auant midy. Le Soleil n'aymant pas beaucoup Iupiter , & luy regardant Diane de trauers,
ferõt tant ces trois bónes perfónnes,que
le Ciel fe mõftrera trouble,obfcur & inconftant fans aucune tenue, & quelque
temps apres Mercure fe broüillant par là
dedans,ne veut pas faillir de faire fouffler
Æolus à ioües enflees affez frefchement,
de

de façon que les larmes luy diſtillerôt des
yeux aſſez copieuſement : mais eſtant ap-
paiſé il nous fera auoir de la chaleur & inflammation, auec vne bonne temperature, tournât de là à vne fraiſcheur touſiours
extraordinaire, entremeſlee de broüillards
& autre variation en l'air. Vn grand s'ad-
uiſera de bône heure de ſe mettre en lieu
de ſeureté, car s'il n'eſt bien preuoyât en
ſes affaires, il tombera és mains de ſes ennemis non ſans vn extreme danger de ſa
perſonne. Et s'il eſt ſi mal conſeillé de ſe
prédre à ſes forces, il ſe trouuera inferieur
& ſera cauſe de la ruyne du pays où il ſera, outre la perte qu'il fera d'vn nombre
infiny de ſa compagnie.

Dernier quartier ſe fera le 21. iour, à 4.
heur. moins deux minut. du matin. Le trine aſpect de ceſte bonne perſonne Mercure à la Chaſſereſſe, nous fournira d'vn
temps venteux, frais & ſec, auec modera-
tion & téperature bien gaillarde, nonobſtant qu'il ſemble que les tonnerres doiuent encor reſonner en aucuns endroits,
& que le Ciel puis apres ſe rendra ſôbre,
meſmement le 23. iour, auec menaces de
pluye & autre mauuais temps. Entre les
mariés il y aura peu de concorde, car les

femmes deuiédront si hautaines & super-
bes qu'oubliant leur condition, deuoir &
obligation elles voudront commander &
gouuerner tout à leur poste : dont ie m'af-
seure que d'aucunes se feront à ce subjet
mettre à leur mal-aise : car i'entreuoy vne
influence celeste, qui rendra les mains de
leurs maris extremement legeres. Elles
sont outre ce menacees, les pauurettes, de
plusieurs maladies, toux, migraines, maux
de tetin, estomach & ventre : les fieures en
possederont plusieurs, qui ne s'en lairront
pas deposseder, qu'elles ne les ayent mis
en possession d'vn cercueil. Dieu les preserue : car i'en serois marri.

Nouuelle lune se fera lè 27. iour de ce
mois, à six heures trois quarts vne minut.
moins apres midy. Par le trigone regard
de Saturne à la chasseresse, & celuy du
pere du iour au mesme vieillard, qui se
trouue en l'exaltation de Iupiter, à sçauoir
sous le signe de l'Escreuice, & le Soleil en
celle de Mercure, qui est la Vierge, i'ose
quasi asseurer de quelque beau téps, clair,
serain & fraiz, ensemble d'vne modera-
tion & temperature gaillarde selon la saison : mais comme ie voy ils auront bien
peu de vertu en cest endroit : car dés le

lendemain l'air se couurira & declinera à
toute inconstance & varieté: voire à toute malice par vents tempestueux, qui des-
bóderont les cataractes du ciel d'vne telle sorte, que la pluye s'en ensuyura, & en
aurons tout nostre saoul, iusques au 30.
iour de ce mois, que le ciel à mon aduis
doit estre clair, serain & beau, mais auec
vne frescheur par fois plus grande que de
raison. Iupiter en la maison des amitiés,
les fera renouueller, tellement que i'espe-
re qu'on viura en bonne amour & con-
corde:la dissimulatió toutesfois s'y glisse-
ra le plus souuent. Dieu nous preserue
de mal.

DE SEPTEMBRE.

Feintise chés les grãds, danger sur la marine,
Descheus de leur espoir, Ordõnances, Edicts,
Les larrõs recherchez, de plusieurs la ruïne,
Gens doctes & sçauans mal-voulus & mau-
dicts.

PRemier quartier se fera le 3. iour du
present mois, à sept heures, 2 9. minut.
apres midy. Mars regardant la Lune d'vn
assez bon œil, s'efforcera de nous donner

vn bon & beau temps pour le commen-
cemēt:mais bien toſt apres les vēts,tour-
billons & pluyes ſe mettront en ieu, non
ſans menace de tónerre indómageable &
autre chāgement de l'air faſcheux & froidureux. Durant ce mois eſt preſagé quelque accident merueilleux,dont ſe trouueront esbahiz ceux qui depuis vingt ans en
çà & plus ont demeuré paiſibles. Du coſté de la Natolie , & Hyrcanie feront
faicts les plus horribles & eſpouuātables
cas que de long temps ayent eſté commis
par pluſieurs & diuers moyens,& ſe ma-
chinent tant de factiós & ſeditions qui ſe-
rōt de telle frayeur que lesguerres paſſees
ne feront pas ſēblables au prix de ces re-
belles eſmotions , car en ces iours le Ciel
deſcouurira pluſieurs miſeres. Dieu les
preſerue,& nous auſſi.

Pleine lune fera le 11. iour, à vnze
heures,& vne minut. auant minuict,mō-
tant ſur noſtre horiſon ou terminateur le
ſigne de l'Eſcreuice, elle eſtant ſous le ſigne des Poiſſons. Par la quadrature du
vieil Faufcheur à la deeſſe Lucine,luy qui
eſt en ſa ioye, à ſçauoir, la 8. maiſon du
ciel ne ſe plaiſant qu'à mal faire , nous
rendra l'air grandement inconſtant auec
vne

vne froidure seiche, aucunement moderee, tantost vne froidure humide & des
vents subiects à pluye. Il se semera vn
certain bruict entre le vulgaire de certaines choses bien estranges, qui passerôt &
seront plustost mauuaises que bonnes, &
chascun en disputera selon son opiniô: Cependant plusieurs en auront vn extreme
soucy, & ne se pourrôt asseùrer bônemêt.

Dernier quartier sera le 19.iour, à demie heure, & deux minuttes, apres midy,
le soleil trouué en sa ioye, qui est la 9 maison, sous vn signe froid & sec, de la nature
de la terre, nous fournira d'vn têps froid,
sec, venteux & couuert, mesmes que les
broüillards se môstreront du matin, nous
amenant de la pluye assez honnestemêt.
Ceux qui seront au seruice des grãds Seigneurs, sentiront icy combien est graue
& pesant le ioug de seruitude : Mais bien
encores d'auantage ceux qui de leur bon
gré s'y sont volontairemêt sousmis, alors
qu'ils ne s'en pourront distraire auront
souuent ceste sentence en la bouche: *Al-*
terius non sit, qui suus esse potest.

Nouuelle lune se fera le 26.iour, à 3.h.
42. minuttes du matin. Le Soleil lassé de
ses vieilles amours, embrassant Venus, &
Mercu

Mercure tenant la place du Soleil enuers
Diane , dont ce refrongné Saturne est si
fasché,qu'il les regarde tous deux de mauuais œil,feront à l'enuy l'vn de l'autre que
l'air se couurira & produira des pluyes &
vents tempestueux,qui souffleront estran-
gement.O Nautónier, qui vogues sur les
ondes salees,tié-toy sur tes gardes:car tu
trouueras de la besongne taillee plus que
tu n'en desireras.   Toutesfois enuiron le
28. iour,il y doit auoir quelque modera-
tion de bon temps , les nielles seront és
montagnes,& le Ciel se monstrera beau
çà bas,qui fera grãd bien encores à ceux,
qui n'auront emprisonné le pere Denys,
tout cendreux , boüeux,& par les Nym-
phes tellement laué que les bons bibe-
rons malgré eux ne boyrõt pas sans eau.

OCTOBRE.

Helas!que de mal-heurs accablerõt les fẽmes:
Le genoüil à l'orgueil tousiours ne fleschira,
Assez d'emprisonnés,qui se rendrõt diffames:
L'obstiné malheureux en son vice mourra.

PRemier quartier se fera le 3. iour du
present mois , à demie heure,dix minuttes,

nuttes, apres midy. Venus & Mercure rencontrez en l'exaltatió de Saturne, qui les regarde de trauers, & les rend infortunez, joinct qu'ils le font defia affez, eftans tous deux en retrogradation, ne failliront pas de broüiller l'air par obfcurité, & menacerót de nous dóner de gráds vents, nielles & broüillards : voire des pluyes froides és patties baffes, & de la neige és lieux hauts, mótueux & Septentrionaux, auec grande varieté, inconftance & noirceur de temps. Cependant ie ne doute point qu'enuiron le 5. iour ne foit beau, clair, ferain & temperé, mais à la fiu on me confeffera que les vents froidureux & les pluyes pour la plus part domineront.

Pleine lune fera le 11. iour, à deux heures 19. minuttes, apres midy. Par les fextiles regards de Saturne à Mars & à la Lune, ie prefage vn téps venteux, froid, morne & fombre, tendant à toute inconftance & varieté, non fans menaces de broüillards & nielles, qui cauferont de la pluye en bas, & de la neige és montagnes. Et peu s'en faudra que cefte conftitution ne foit femblable en tous lieux Septentrionaux, tant haut que bas. Ce pendant il

G

y aura encores des iours beaux, secs & af-
sez moderez en froidure, du nombre desquels pourroient bien estre les 14. 15. &
16. iours. Toutesfois pour en parler ron-
dement, ie ne l'ose asseurer. Le monde se
reputera heureux ne voyans gueres d'es-
motions, ou bruicts de guerre.

Dernier quartier se fera le iour S. Luc,
à sept heures, 31. minuttes du soir. Pour
la bien-venue de Venus en sa direction,
laquelle tasche de se leuer auec la ven-
dangeresse, ioinct le signe ascendant à
l'heure de ce quadrat, l'air nous doit fauoriser de quelque temps amiable, serain,
gaillard & moderé selon la saison : Mais
ce sera de peu de duree, car le froid voudra maistriser & tenir la chaleur entierement bridee, comme il fera & ne la las-
chera gueres, combien qu'il y aura touf-
siours quelque eschappade de douceur,
mais bien peu souuent : car nous serons
fournis de pluyes, neiges, bruines & sem-
blable meslage. Le Capitaine Mars trouué fasché & en colere, brauera tât & plus
en certains endroits, & quoy qu'on com-
mande, il ne voudra poser les armes : mais
trouuera des stratagemes de guerre tous
nouueaux, qui seront tels que les pauures

paysans

payſans & laboureurs en viendront quaſi au deſeſpoir.

Nouuelle lune ſe fera le 25. iour, à l'heure de deux & demie, & ſept minut-tes apres midy, qui me faict iuger veu le lieu de Mercure deuenu depuis peu direct & Septentrional, trouué en vn ſigne de l'air qui eſt celuy de la Balãce, que les por-tes du Ciel ſeront ouuertes, & ſi Mars par vn ſextil aſpect à la Lune ne l'empeſche, nous ſerons arrouſez de grandes pluyes, qui feront desborder les fleuues & riuie-res en pluſieurs endroicts au grand dom-mage & intereſt de ceux qui auront des terres enſemẽcees au long des eaux cou-rantes. En ce temps pour des grandes & vrgentes conſiderations les Roys., Prin-ces & Eſtats d'vn certain pays delibere-ront quelques affaires de grande conſe-quence, mais il y aura vn million de dif-ficultez, par le moyen des Soldats & gens de guerre, qui ne ſe voudront accor-der. Prions Dieu en ceſt endroict qu'il aye pitié de nous.

DE NOVEMBRE.

Crainte aux plus asseurez, par nouuelles nou-
uelles:
Helas ! vierges, ie crains voftre pudicité,
Poifons enuenimez, Martiales querelles,
Soldats par leurs mesfaicts mis en captiuité.

NOus aurós le premier quartier de la
lune le fecond iour du prefent mois,
à 8. heu. & 11.minut. du matin, qui (fuiuant mon aduis) fera froid & venteux &
couuert, auec diuerfe variatió de temps,
cóbien que la bize prendra peine de chaf-
fer les nuees & d'efclaircir le Ciel:toutes-
fois elle n'aura pas tant de puiffance que
l'air pour la plus grande partie ne demeu-
re le plus fouuent bruineux & mauffade,
principalement le 5. iour que i'apperçoy
vn grand changement,tantoft de froid &
fec,tantoft de froid & humide ,auec des
vapeurs, & vne telle obfcurité que par
fois en plein midy l'on ne fe pourra voir
bonnement l'vn l'autre. Quelqu'vn efle-
ué en authorité fera par tout ce mois grá-
dement efmeu & fafché:voire en danger
par ce moyen de tomber malade extreme

mement, non fans petil de mort, dont le
bruict fera grand. Dieu le vueille confer-
uer, affin que les menees dreffees de lon-
gue main ne foient executees.

Pleine lune fe fera le 10. iour du prefent mois, à quatre h. 36. mi. du matin, fous
le figne, auquel elle prend fon exaltation,
à fçauoir, celuy du Taureau, qui me faict
dire qu'elle fera froide, venteufe, glaciale, auec augmentation de bruines en des
endroicts, qui menaceront de pluye en
bas & de neiges aux môtagnes. Et en des
autres lieux le temps fera fec, ferain & lu-
cide, auec des orages & froidures à l'accouftumee, de maniere qu'il ne faut pas
attédre que toute inconftance de l'air par
pluyes, neiges, gelees & nuees efpaiffes
& mal fuiuies, ce qui nous eft bien con-
firmé par le quart afpect de Saturne à Venus qui fe faict le 11. iour. Toutesfois dés
le lendemain la lune fous le figne des Gemeaux eft regardee par Venus fe joüer à
la queuë de fon Dragô, faute de meilleur
paffetéps, ces deux bonnes femelles pourront bien diffiper les nuees, & nous faire
part d'vn temps affez beau, doux & temperé felon la faifon, Icy eft encores me-
nacé l'emprifonnement, banniffement ou

autre defaftre de quelques perfónes de re-
nommee, lefquelles feront plaintes & nõ
plaintes felon la diuerfité des affections.
Dieu eft fur tout.

Dernier quartier fe fera le 17. iour de
ce mois, à 2. heur. & treize minuttes du
mat. Par les trois mauuais regards du Soleil, Iupiter & Mercure à la Lune (encore
que Iupiter ne foit iamais gueres mal faifant) ie iuge que le froid continuera, &
fera la temperature de l'air mediocre. Le
téps aura enuie de fe couurir, & fera fem-
lant de nous moüiller, mais à mon iuge-
mét ce fera fans effect pour le cõmence-
ment & de peu de duree. Car Mars proche de quitter la pucelle pour fe loger en
la maifon tresbuchante, ne faillira pas à
mon aduis par les prieres que luy en fera
la Dame des lunaticques, de nous amener
quelque temps amiable & temperé mef-
memét le 19. lequel fera dit par plufieurs
eftre l'Efté fainct Martin. Plufieurs verront leurs eftats bien agitez, ce qui leur
donnera occafion de grandes fafcheries,
non fans danger d'encourir des maladies
bié griefues. Mars le mutin fera emprifon-
né fans vigueur ni puiffance, tenant la
plus part des fiens emprifonnez, dont il
fau

faudra confesser que nous serons à la fin
des guerres.

Nouuelle Lune sera le 24. iour de ce
mois, à quatre h. 21. minut. du matin. Qui
me faict croire veu la cõionction de Mercure à la Lune en vn signe chaud & sec,
que la constitution du téps sera belle &
attrempee en toutes ses qualitez & selon
la saison, nonobstant que le Ciel fera des
mines en des endroicts de se couurir par
bruynes ou autrement : toutesfois le téps
sera serain, tantost és mõtagnes, & incontinent apres aux valees. Tandis les froidures & gelees croistront de iour en iour,
& mõ dire se trouuera sur tout veritable.
Icy vne grande fera ses preparatiues pour
aller trouuer le Nautonnier Charon qui
l'attend il y a long temps. Mais Dieu sçait
quelles lamentations à son depart. On ne
laissera de faire des festes & triomphes
par toutes les terres Occidentales, auec
grand appareil, ieux & festins, pour la res-
iouïssance d'vne certaine Natiuité, & seront à ceste occasion faicts de nouueaux
Edicts, en faueur de quelques prisonniers
à qui iamais ne vint mieux & si à propos.
Tellement qu'on chantera : *Justitia &*
pax se mutuò osculatæ sunt.

G 4

DE DECEMBRE.

Accord entre les grands qui durable ſera:
Gens d'Egliſe ioyeux: propos de Mariage:
Des meurtriers & brigands iuſtice ſe fera:
Se garde qui pourra de perdre ſon bagage.

NOus auróns le premier quartier de la lune precedéte le ſecód iour du preſent mois, à quatre heu. 39. minut. du matin, qui tiendra de la precedente, ſe monſtrant beau & clair, auec des gelees blanches & vn froid ſerré, lequel fera retirer les tédrelets. Il eſt bien vray que par l'entremiſe de Iupin qui œillade aſſez amoureuſement la Lune, il y pourra bien auoir quelque douceur de téps, l'air eſtant aſſez plaiſant, gaillard, & beau. Cependant les neiges s'amaſſeront aux montagnes, auec des nielles, orages, humiditez pluuiales & temps variable en pluſieurs endroits.

Pleine lune ſera eclipſee pour la 2. fois, le 9. iour de ce mois, à 5. heu. 27. minut. du ſoir, Combien que par la figure ou theme celeſte dreſſé à l'heure de ceſte Eclipſe, il apparoiſſe aſſez de la diſpoſition de l'air & de ſa qualité durant ceſte oppoſition.

Ne

Neantmoins pour le faire entédre à ceux qui n'ont l'vsage des Mathematiques, ie diray que durant icelle, ou pour le moins tout au commencemét l'air sera couuert, nebuleux, venteux & addonné à variatió. Touchant les affaires du monde, la paix tiendra toufiours lieu, & seront les Roys & Princes d'vne bonne vnion, concorde & amitié.

Dernier quartier le 16. iour, à 9. h. 39. minuttes apres midy, qui à mon aduis sera venteux froid & sec, non sans quelque temperature à son instant, qui prendra neantmoins son chemin à toute sorte de mauuais temps, tantost de neige, tantost de vents, tátost de pluye, auec gelees, desgelees & autre constitution de l'air bien fascheuse. Icy les grands delibereront de grandes affaires, mais la plufpart de ceux qui feront au conseil discorderont, tellement que les vns voudrót vne chose fort iuste & raisonnable concernant l'vniuerselle pacification des Royaumes, les autres tout le contraire. Les nouuelles arriueront de quelque reuoltement és Espagnes & Portugal, qui mettrót la Cour bafanee en grand pensement & non sans cause. Dieu y vueille enuoyer sa paix.

G 5

Nouuelle lune & la derniere de ceste
annee se fera le 23. iour du present mois,
à huict heures. 31. minut du soir. Saturne
tournant les espaules à la Lune & luy
voulant mal de mort, encores qu'elle luy
preste vn logis voudra obscurcir & rédre
le Ciel couuert & trouble, pour faire tóber quelque pluye entremeslee de neige
ou gresil, mais à grand peine pourra-il e-
xecuter ses desseings que premierement
nous n'ayons eu nostre part d'vne grande
froidure accompagnee de gelee. Et l'ou-
trageux Boreas soufflera depuis le S. iour
de Noël iusques au 27. Au reste il ne faut
attendre que toute inconstáce de l'air, par
pluyes, neiges, & bruynes, qui se móstre-
ront tantost és lieux hauts, & tantost és
lieux bas, non sans glaces & froidures.
Prions Dieu qu'il luy plaise nous preseruer de ce que les Astres nous demonstrét
estre sinistre, & nous fauoriser d'vne bonne & durable paix, octroyer aux Princes
Chrestiens vnion parfaicte & sincere amitié les vns auec les autres, sous la crainte
de Dieu & l'obeïssáce de nostre Roy tres-
Chrestien, auquel Dieu vueille octroyer
ses sainctes graces. Ainsi soit il.

Fin des predictions de l'an 1620.

LES FESTES QVE LA
Cour de Parlement de Bourdeaux solemnise.

Et premierement.

En Ianuier.
1. Circoncision.
6. Les trois Roys.
13. S Hilaire Euesque.
20. S Fabien, & Sebast.
28. S. Charlemagne.

En Feurier.
2. Purificat. N. Dame.
24. s. Mathias Apostre.

En Mars.
19. S. Ioseph.
25. Annon. N. Dame.
La Cour de Parlement ne tient point depuis le Ieudy S. iusques apres Quasimodo.

En Auril.
24. s. Marc Euangeliste.

En May.
1. S. Iacques, & S. Philip.
9. S. Nicolas.
19. S. Yues Confesseur.
28. L'Ascension.

En Iuin.
11. S. Barnabé.
30. La Feste Dieu.
24. Nat. s. Iean Bapt.
29. s. Pierre, s. Paul.

En Iuillet.
22. S. Marie Magdelei.
25. s. Iacques Apostre.
26. s. Anne.

En Aoust.
10. S. Laurens martyr.
15. Assump. N. Dame.
16. S. Roch Confes.
24. S. Barthelemy Ap.
25. S. Louys Roy.

En Septembre.
8. Natiuité N. Dame.
14. Exaltatió s. Croix.
21. s. Matthieu Apost.
27. s. Cosme, & s. Da.
29. s. Michel Archang.

En Octobre.
1. s. Remy Archauesq.
9. s. Denys.
18. s. Luc Euangelist.

2 ı.Vnze mille vierges.   *En Decembre.*
28. s.Simon,& s.Iude   6.s.Nicolas Euefque.
Apoſtres.   8.Concep.N.Dame.
     En Nouembre.   2ı.s.Thomas Apoſt.
ı.La Touſſainɛts.   25.Noel.
2.Les Trefpaſſez.   26 S.Eſtienne.
ıı.S.Martin.   27.s.Iean Euangel.
25.s.Catherine.   28.Les Innocens.
30.s.André Apoſtre.   29.s.Thomas Archeu.

F I N.

LES

LES IOVRS QVE LA

Souueraine Cour de Parlement de Tolo-
se n'entre point, pour vaquer à l'expedi-
tion des procez, qu'on appelle les iours
Feriats.

IANVIER.

PRemierement le 1. iour de Ianuier pour la feste de la Circoncifion de noftre Seigneur.
Le 6. pour la fefte des Rois.
Le 20. pour la fefte S. Sebaftien.

FEVRIER.

Le 2. Feurier, pour noftre Dame la Chandeleur.
Le 24. pour la fefte S. Mathias.

MARS.

Le 7. pour la fefte S. Thomas d'Aquin.
Le 19. pour la fefte fainct Iofeph.
Le 25. pour la fefte de l'Annonciation N. Dame.

AVRIL.

Le 25. d'Auril, pour la fefte S. Marc.

MAY.

Le 1. iour de May pour la fefte S. Philip. S. Iacq.
Le 3. pour la fefte de l'inuention faincte Croix.
Le 17. en memoire de la deliurance de la ville, la plus part de laquelle auoit efté faifie le 11. dudit mois.
Pour la fefte S. Yues, le 19. de May, la Cour en-tre, mais n'y a point Audience.

IVIN.

Le 11. de Iuin pour la fefte S. Barnabé.

Le 14. pour la feste S.Exupere.
Le 24. pour la feste de la Natiuité S. Iean Bapt.
Le 29. pour la feste S.Pierre & S.Paul.

IVILLET.

Le 2. iour de Iuillet, pour la Feste de la Visitation noftre Dame.
Le 22. pour la feste de la Magdaleine,
Le 25. pour la feste S.Iacques.
Le 26. pour la feste saincte Anne.

AOVST.

Le 3.iour d'Aouft,pour la feste S. Eftienne.
Le 5. pour la feste noftre Dame des Neiges , & fainct Dominique.
Le 6. pour la Transfiguration noftre Seigneur.
Le 10. pour la feste fainct Laurens.
Le 15.pour l'Affumption noftre Dame.
Le 16. pour la feste fainct Roch.
Le 24. pour la feste fainct Barthelemy.
Le 25. pour la feste fainct Louys Roy de Fráce.

SEPTEMBRE.

Le 8. du mois de Septembre, pour la Natiuité noftre Dame.
Le 14. pour l'Exaltation faincte Croix.
Le 21.pour la feste fainct Matthieu.
Le 28.pour la feste fainct Exupere.
Le 29. pour la feste fainct Michel.
Le 30.pour la feste fainct Hierofme.

OCTOBRE.

Le 4. du mois d'Octobre pour la feste fainct François.
Le 9.pour la feste fainct Denis.
Le 18. pour la feste fainct Luc.
Le 19. pour l'entree des Eftudes.
Le 21.pour la feste des vnze mille Vierges.
Le 28.pour la feste fainct Simon & fainct Iude.

NOVEM

NOVEMBRE.

Le 1. iour de Nouembre pour la feste de la Touſſainᶜts.

Le 2. pour la feste des Treſpaſſez.

Le 11. pour la feste ſainᶜt Martin.

Le 12. pour l'entree de la Cour.

Le 21. pour la Preſentation noſtre Dame.

Le 29. pour la feste ſainᶜt Sernin.

Le 30. pour la feste ſainᶜt André.

DECEMBRE.

Le 8. du mois de Decembre, pour la Conce-ption Noſtre Dame.

Le 21. pour la feste ſainᶜt Thomas.

Le 25. pour la Natiuité noſtre Seigneur.

Le 26. pour la feste ſainᶜt Eſtienne.

Le 27. pour la feste ſainᶜt Iean.

Le 28. pour la feste des Innocens.

Le iour des Cendres.

Tous les iours de Dimanche.

Le Ieudy, Vendredy, & Samedy deuant Paſques.

Le iour de Paſques, & les trois iours ſuiuans.

Le iour de l'Aſcenſion noſtre Seigneur.

Le iour de la Pentecoſte, & les trois ſuiuans.

Le iour de la Feſte Dieu, & le iour de l'Octaue.

Les iours S. Nicolas, & ſainᶜte Catherine, la Cour entre, mais n'y a pas Audiéce, à cauſe de la grand meſſe qui ſe dit ces iours au Palais.

Les iours que les Cours Preſidiale, & de la Seneſchauſſee de Toloſe n'entrent pas, ou entrans donnent Audience.

PRemierement, le Lundy, Mercredy & Samedy, à huiᶜt heures du matin y a Audien-ce Preſidiale: Et en cas que les Lundy, ou Mer-

credy

credy foient Feftes , ladicte Audience eft trans-
ferée au lendemain à mefme heure ; fçauoir du
Lundy au Mardy, & du Mercredy au Ieudy.

Le Lundy à trois heures apres midy de releuée : le Ieudy matin à huict heures , & derechef
de releuée à trois heures apres midy font don-
nées Audiences pour les caufes Ciuiles & ordinaires.

Le Mardy & Vendredy matin à huict heures
y a Audience pour les caufes Criminelles , & en
cas que le Vendredy efchee vn iour de Fefte,
l'Audience eft remife au Samedy matin à mefme heure, occafion dequoy l'Audience Prefidiale ceffe : Et bien que le Mardy foit fefte , neantmoins l'Audience Prefidiale n'eft empefchée.

Au temps du fainct Carefme , les Audiences
du matin ne commencent qu'à neuf heures.

Iaçoit que les iours des veilles S. Sebaftien, S.
Iean porte Latine, S. Yues , S. Iacques le Majeur,
de fainéte Luce , tombent en Lundy , toutesfois
n'y a pas Audience de releuée.

Ez Ieudy & Lundy precedens les Cendres,
n'eft donnée Audience de releuée : comme auffi
n'y a aucune Audience la veille des Roys.

Les Lundy , Mardy , Mercredy precedens la
glorieufe Afcenfion de noftre Seigneur, font feriez pour l'Ordinaire, & n'y a qu'Audience Prefidiale le matin.

Les Audiences finiffent le Samedy des Ra-
meaux & Pafques Fleuries , & ne recommencent iufques au Lundy apres Quafimodo : Finiffant le Ieudy au foir de releuée precedét la Pentecofte , & ne commencent qu'au Lundy apres
la faincte Trinité , finiffant auffi la veille de S.
Thomas, & ne recommencent pour le Prefidial
                                    qu'au

qu'au fecond iour de Ianuier, & pour l'Ordinaire, iufques apres les Roys.

Vacations font accordées pour dix ou douze
iours au plus , enuiron le premier ou fecond
d'Octobre.

N'y a point d'Audience la veille de la Touf-
faincts , ny les iours de faincte Catherine , & S.
Nicolas : ny és iours des Arrefts Generaux , qui
font le mardy auant Pafques, le Vendredy auant
la Pentecofte , la veille noftre Dame d'Aouft, la
veille faincte Croix de Septembre , & le lendemain de fainct Thomas.

Pareillement tous les iours feriez de la fouueraine Cour de Parlement font feftez efdittes
Cours Prefidiale, & de la Senefchauffee, qui font
le iour de Dimanche , le iour des Cendres , le
Ieudy, Vendredy, Samedy auant Pafques, le iour
de Pafques, & les trois iours fuiuans , le iour de
la Pentecofte, & les trois fuiuans , le iour de l'A-
fcenfion de noftre Seigneur, la fefte Dieu, & les
iours defcrits en chacun mois , en outre laditte
Cour Prefidiale ne donne Audience és iours
qu'il efchet enterrement de quelqu'vn des Sieurs
Confeillers de la Cour.

Les iours feriez pour la iurifdiction ordi-
naire, & efquels la Cour Prefidiale en-
tre & donne Audience à 8.
heures de matin.

IANVIER.

Le 1.2.4.encores qu'efcheent en Vendredy.
Le 17. pour la fefte S.Anthoine.

H

Le 21. pour la feſte ſainct Vincent.
Le 25. pour la feſte de la Conuerſion S.Paul.
FEVRIER.
Le 3.pour la feſte ſainct Blaiſe.
Le 22. pour la feſte de la Chaire ſainct Pierre.
MARS.
Le 18. pour la feſte ſainct Gabriel.
AVRIL.
Le 23. pour la feſte ſainct George.
Le dernier pour la feſte ſainct Eutrope.
MAY.
Le 8. pour la feſte ſainct Michel.
Le 21.pour la feſte ſaincte Aquitaire.
IVIN.
Le 16.pour la feſte S.Cirice,& S.Iuliere.
Le 30. pour la feſte ſa nct Martial.
IVILLET.
AOVST.
Le 1.pour la feſte ſainct Pierre aux liens.
Le 18. pour la feſte ſainct Auguſtin.
Le 29.pour la feſte de la Decol.S. Iean Baptiſte.
SEPTEMBRE
Le 1.pour la feſte S.Leu & S.Gilies Abbé.
OCTOBRE.
NOVEMBRE.
DECEMBRE.
Le 13. pour la feſte ſaincte Luce.

Les iours S.Iean porte Latine 6.May pour la ſolemnité du Seneſchal de la Bazoche, qui ſe faict au Conuent des Carmes. Et les iours S.Nicolas, qui ſont le 9. May, & 6. Decembre, & le iour ſaincte Catherine,qui eſt le 25.Nouembre, la Cour Preſidiale & de la Seneſchauſſee, comme a eſté dit, ne donne Audience.

FIN.

S'EN

S'ENSVIVENT LES FOIRES
franches *du Royaume de France &*
pays circonuoisins pour l'annee, 1620.

Et premierement les foires de Lyon.

LA foire des Roys commence le 13.
Ianuier & fine le 3. Feburier.

*Payemens des Roys cõmencent le premier
de Mars.*

La foire de Pasques commence le 27.
d'Auril, & finit le 14. May.

Payemens de Pasques commencent le premier de Iuin.

La foire d'Aoust commence le 4. &
finit le 25. dudit mois.

Payemens d'Aoust commencent le premier Septembre.

La foire de Toussaincts commence le
3. de Nouembre, & finit le 20. dudict.

*Payemens de Toussaincts commencent le
premier Decembre.*

Les foires de Paris.

La foire de S. Germain des prez commence le lendemain de la Chandeleuse
& dure 8. iours.

H   3

Le Pardon de S. Denys commence le iour S. Mathias, & dure 8. iours.

Le Landi que l'on tient à S. Denis en France, commence le prochain Mercredy apres la S. Barnabé & finit le 13. de Iuin.

La foire de S. Denis, commence le 10. d'Octobre, & dure 8. iours.

Les foires de Rouën.

La premiere commence le 3. iour de Feurier, & dure 15. iours.

La seconde le lendemain de la Pentecoste, & dure 15. iours.

La troisiesme commence le 18. iour d'Octobre, & dure 8. iours.

Les foires de Troye en Champagne.

La premiere le 8. iour de May.

La seconde, le 3. de Nouembre.

Foires de Charlieu en Lyonnois.

La premiere qui s'appelle la Perron, commencera le Dimanche gras, & durera 3. iours.

La seconde sera le iour de S. Philibert, 20. iour d'Aoust, & durera 2. iours.

Les Foyres de Sens.

La premiere commence le 8. de Mars.

La seconde commence le 27. d'Octobre.

Foires

Foires de Bourges.
La premiere commence le 5. d'Auril.
La seconde commence le 1.de Iuin.
Les foires de Brie.
La foire de Meaux à la my-May.
Celle de Chasteau Thierry à l'Ascension.
Les foires de Vitry le François.
La premiere commence à la S. Mathias.
La deuxiesme à la Magdaleine.
La 3. le premier iour de Septembre.
La quatriesme à la sainct Martin.
La cinquiesme le 1. iour de Decembre.
Les foires de Bretaigne.
La foire du Liege à Dinât est le 2.Ieudy
de Caresme,& dure trois iours.

La foire de Krehs, est le prochain Ieudy d'apres la my-Caresme.

Et la 2. le iour de Toussaincts , & du-
rent chacune six iours.

Le Pardon & foire de Trignet, est le
Mardy prochain d'apres la Feste Dieu &
dure six iours.

La foire de Noyalle est le 5. iour de
Iuillet,& dure huict iours.

La foire de la Houssaye , est le 9. iour
de Septembre,& dure six iours.

Et la 2. le iour S. Martin d'Hyuer.

H. 3

Les foires de Champagnole pres de Noze-
roy audit Comté.

La 1. se tiendra le iour de S. Ferreol en
Ferius, le 6. iour du mois de Iuin.

La seconde sera le iour de saincte Catherine le vingt-cinq iour du moys de
Nouembre.

Foires de Poictou.

Celle de Poictiers, le 13. de Ianuier.
La 2. de Poictiers, le 2. Lundy en Caresme.

Foires de Nyort.

La 1. de Nyort, le 7. de Feurier.
La 2. de Nyort, le 6. iour de May.
La 3. de Nyort, qui est celle de la sainct
André, le 1. Decembre.

Foires de Fontenay.

La Grand sainct Iean, le 24. Iuin.
La sainct Pierre, le 2. Aoust.
La sainct Venant le 12. d'Octobre.
A Viez en Poictou, le 1. de Iuin.

Foires de Megeue en Fossigni.

La premiere le lundy de la Trinité.
La seconde le lendemain de la sainct
Iean

Iean Baptiste.

La troisiesme 7. Septembre, vigile de
la nostre Dame.

*Les foyres d'Arbent en Sauoye pres
Sainct Claude.*

La premiere le lundy apres l'Ascension.
La seconde le premier Aoust.
La tierce le iour sainct Simeō & S. Iude.

*Les foyres de Nozeroy en la France
Comté de Bourgongne.*

La premiere se tiendra le lundy apres
la feste de la purification nostre Dame de
la Chandeleuse.

La seconde le lundy apres la Trinité.
La 4. le Ieudy apres la Toussaincts.

Les foyres de Francfort.

La premiere commence à la my-Caresme, & dure 3. semaines.

La seconde commence le 7. de Septembre, & dure 15. iours.
Le 6. Decembre à s. Nicolas en Lorraine.

Les foyres de Dortan en Sauoye.

La 1. se tiendra le iour S. Marc Euangeliste, le 25. iour d'Auril.

La 2. le 8. de Septembre, iour de la natiuité de nostre Dame.

La 3. le iour S. Martin 11. du moys de
Nouembre.

Les

Les foires de Gascongne.

A Bourdeaux le premier de Mars & finit le 15. La seconde le 15. Octobre & dure 15. iours. A Toloze le 29. Nouembre.

Les foires de Languedoc.

Le premier de Iuillet à Gramat.

Le 22. à Beaucaire. Le 25. à Chasteau-
neuf d'Aroy. Le 8. Septembre à Pesenas.

Le 25. à Vses.

Les foires de Prouence.

Le 20. Iauuier à Gant. Le premier de
May à Cauaillon. Le 28. à Digues. Le
25. de Iuin, à Menerbe, à Iocas, & à Loyes.
Le 22. Iuillet à Sainct Maximin. Le 26.
à Aix. Le 29. à Tarascon. Le 10. Aoust, à
Opeda & à Cadenes. Le 20. à S. Sauueur.
Le 21. à Gorde, & à Veuasco, & à Saur. Le
premier Decembre à Digues. Le 28. à
Roussillon. Le premier de Nouembre, à
Chasteau-renard, à Digues & à Rodes.
Le premier Decembre, a Lormarin. Le
9. a Sainct Sauorain.

Les foires d'Auuergne.

La foire de Montferrand à la mi-caref-
me, & dure 15. iours. La premiere du Puy
34. iours apres Pasques, & dure 15. iours.
La seconde, le 29. Septembre, & dure 8.
iours. Le 3. May à Brion. Le 30. à Sainct
Flous

Flour. Le 21. de Iuin , à Signe. Le 16. de
Nouembre à Besse, Giuaudam, à S. Cheli
le premier de May , le 3. Iuin , le 25. Iuillet , le 30. Septembre , le premier de Nouembre à Moriense , à S. Celly le 14. de
Septembre.

A Milliau le 10. d'Aoust. La 2. le 29.
Nouembre.

La premiere le 22. Feurier à Morges.
La seconde le second iour de Pasques
à Merin. Le 22. Auril , à Monreal. Le 1.
May à Chastillon de Michaille , le 2. à
Ballon , le 4. à Beley , le 23. à Remilly,
le 24. Iuin à Nantua , le 25. Aoust à Ballon , le 30. à Pesige , le 22. Septembre, à
Boege , le 9. d'Octobre à la Roche & à
Saumon , le 10. à Monreal , le 28. à Al-
ban , le 2. de Nouembre a la Bonne ville,
le 12. a Nantua , & a Tounon , le 28. a
Cluse, a Gex & a Seisel, le 1. Decembre,
a Romale & a Bonne , le 16. a Montreal,
le 21. a la Roche , le 23. a Remigli, le 25.
à Mommeillian , le 2. deuant Pasques , a
Mostres en Tarantaise.

Le 31. d'Octobre , a Chastillon en
H 5   Dom

Dombes, le 5. Nouembre, a sainct Tre-
uier, le 6. Decembre a Bourg, le 9. dudit a sainct Iulien.

Fin des Foires.

APPROBATION.

LE present Almanach verra le iour, ne
contenant rien, qui l'empesche d'e-
stre imprimé, pourquoy ie l'ay appreuué.
A Lyon, le 28. Septembre 1619.

F. I. CHAVANON.

CONSENTEMENT.

*Eu ladite approbation ie n'empes-
che l'impression du present Almanach, & les deffences en tel cas requises. Faict à Lyon ce 28. Septembre
1619.*

D'AVEYNE.

PERMISSION.

IL est permis à Claude Chaste-
lard, de faire imprimer, vendre
& distribuer le present Almanach.
Auec deffences en tel cas requises.
Faict à Lyon ce 28. Septembre
1619.

S E V E, Lieutenant general.

L'ALMANACH DV
PARLEMENT DE
PARIS.

Extraict des Regiſtres de la Cour.

'Ouuerture du Parlemét ſe fait le lendemain de la ſainct Martin 12. Nouembre, auquel iour Meſſieurs ayans leurs robes rouges, oyent la Meſſe au Palais, & apres reçoiuent le ferment des Aduocats & Procureurs : Il finit le 7. Septembre : tellement qu'il dure dix mois quatre iours, pendant lequel téps ils vacquent cent iours : en ce comprins les Dimanches : de ſorte qu'il n'y a que ſept mois à trauailler.

Enſuiuent les iours, eſquels la Cour vacque, outre les Dimanches.

Premierement en Nouembre les 25. & 30. iours.

En Decembre les 6. 8. 21. 24. 25. 26. 27. 28.

En Ianuier, les premiers 3. 6. & 13.

A

qui est le iour S. Hilaire, à cause du Parlement autrefois transferé à Poictiers, & le
28. qui est le iour sainct Charlemagne.

Et neantmoins les veilles desdites deux
festes sainct Hilaire & sainct Charlemagne, l'on ne laisse d'entrer de releuee à
l'ordinaire, ou à la quinzaine, s'il y es-
chet.

En Feurier les 2. & 24. ou bien le 25.
en l'année de Bissexte.

En Mars le vingt-deux qui est le iour
de la reduction de Paris faicte l'an 1594.
à cause de la Procession generale: & neāt-
moins l'on ne laisse de releuée la veille
d'entrer à l'ordinaire. Plus le 25. dudit
mois, qui est la nostre Dame.

En Auril le 25. iour, feste de S. Marc.

En May le premier, & le 2. qui est le
iour sainct Gratien la Cour vacque, à
cause du Parlement cy deuant transferé à
Tours, l'an 1589. mais la Cour entre aussi à l'ordinaire la veille.

En Iuin les 11. 24. & 29.

En Iuillet les 22. 25. & 28.

En Aoust le 10. 15. 16. 24. & le 25.
qui est le iour sainct Louys.

Et encores la Cour vacque les iours
qui ensuiuent, dont on ne peut cotter

le

le quatriefme de chacun mois.

A fçauoir, le iour des Cendres.

Le Mercredy de la fepmaine Sainéte,
& iufques au Ieudy d'apres Pafques in-
clufinement.

La veille & les trois feftes de la Pentecofte.

Le iour de l'Afcenfion.

Les iours des deux feftes du fainét Sacrement.

Vn iour pour le landy, pendant la
foire S. Denis au mois de Iuin.

La Chambre des vacations commence le 9. Septembre, & finit le 27. d'O-
étobre, qui eft la veille S. Simon, & S.
Iude,& dure vn mois 18. iours,pendant
lequel temps elle vacque 21. iours. Il y
a en tout fept fepmaines ; chacune defquelles Meffieurs les fept Prefidens de la
grand Chambre prefident à leur tour.
Monfieur le premier Prefident cómence.

Pendant les deux mois de vacations la
Cour vacque, à fçauoir.

Au mois de Septembre les 14. 21.
& 29.

En Oétobre les 9. 18. & 28. & encore vn iour, pendant la Foire S. De-
nis.Depuis ledit iour vingthuiét Oétobre

iufques au 11 Nouembre, qui eft le iour fainct Martin incluſiuement, tout eſt ceſſé au Parlement, & ne ſe faict aucun acte iudiciaire.

Eſt à noter que le Palais ne pert point les feſtes qu'il a particulieres, qui ne ſont feſtées par la ville.

Et de faict, quãd elles viennent le Dimanche, ou vne autre feſte, elles ſont remiſes par la Cour au premier iour enſuiuant.

Depuis Paſques, quand vne feſte vient le Ieudy, l'on plaide le Vendredy matin à la grand Chambre.

Les plaidoiries de la grand Chambre commencent le premier Lundy de la huictaine frâche d'apres la ſainct Martin, & finiſſent le 14. Aouſt.

Et neantmoins celles de releuée ne cõmencent qu'apres le iour ſainct André, & finiſſent à la fin du mois de May.

L'on ne plaide point dans la ſepmaine Saincte, ny dans l'octaue de Paſques.

Les Mardy & Vendredy ſont appellez iours ordinaires, à cauſe que les Meſſieurs enttent le matin & l'apreſdinee, pourueu qu'il ne ſoit veille de feſte, celebrée par toute la ville.

De

Depuis la sainct Martin iusques au Carefme, la Cour se leue le matin à 10. heures, & de releuée à 4. heures.

Pendant le Carefme seulement, la Cour se leue à vnze heures le matin, & commence de releuee à cinq heures: ce qui se continuë tout le reste du Parlement.

Les iours de Carefme-prenant, le Vendredy de l'Octaue de Pasques, qui est le iour de la reduction des Anglois (que Messieurs vont à nostre Dame) & le iour sainct Nicolas en May, la Cour se leue à 9. heures: tellement que lesdits iours l'on ne va de releuée au Palais. C'est pourquoy le Prouerbe est demeuré,

Quand la Cour se leue le matin, elle dort l'apresdinée.

Les harangues aux ouuertures du Parlement se font deux fois l'année, à sçauoir le premier Lundy de la huictaine franche d'apres la sainct Martin, & le lendemain de Quasimodo, par Messieurs les Aduocats du Roy, à sçauoir le premier à la sainct Martin, & le second à Quasimodo.

Notez que l'on ne plaide point en la Cour des Aydes, ny aux requestes, que les harangues n'ayent esté faictes au Parlement : c'est à dire, que les plaidoiries ne soyent ouuertes audit parlement.

Pendant que l'on plaide à la grande Chambre, l'on ne plaide en aucune iurisdiction de l'enclosture du Palais.

Le Lundy & Mardy matin l'on plaide du roole ordinaire des Prouinces & Balliages. Le Mercredy matin à l'Edict.

Le Ieudy matin du roole extraordinaire.

Les Mardy & Vendredy de releuee du roolle extraordinaire & placets, & le Vendredy matin à l'Edict.

Et le Samedy à la Tournelle.

Ladicte Tournelle est composee de six Conseillers de la Grande Chambre, & huict des Enquestes. Le Doyen de la grand Chambre, & celuy de la premiere des Enquestes, sont (s'ils veulent) exépts de la Tournelle.

Messieurs les Aduocats du Roy vont de trois mois en trois mois à la Tournelle alternatiuement, dont le premier de Messieurs commence: à sçauoir depuis la sainct Martin iusques à la Chandeleur: le secód, iusques à Pasques, à la sainct Iean, & iusques au 6. Septembre.

Les iours de la prononciation en rob-
bes rouges, sont la sur-veille de Noel,
le Mardy de la Sepmaine Saincte, la
sur-veille de la Pentecoste, & le sixief-
me Septembre, lesquelles se font, à sçauoir celles de Noël & de Septembre, par
Monsieur le premier President, pource que ce sont les premiere & derniere. Les deux autres se font par Messieurs les autres Presidens, chacun à
leur tour.

Lesdits iours la Cour va à la seance
pour les prisonniers, fors le 6. Septembre: & au lieu dudit iour, c'est la veille
sainct Simon, sainct Iude.

Les Mercurialles sont tous les premiers Mercredis de chacun mois de releuée, s'il n'est feste, autrement le Mercredy suiuant.

Les iours de la quinzaine sont les
Lundy, Mercredy & Ieudy de releuée,
pourueu neantmoins qu'il ne soit veille
de feste.

Et si le Lundy est feste ou veille de feste l'on n'entre point ledit iour, ny les
iours de la mesme sepmaine à ladite
quinzaine: & encore n'entre-on le dernier Ieudy d'icelle quinzaine soit fe-

A 4

ſte , ou non : laquelle quinzaine eſt compoſée de l'vn des Meſſieurs les Preſidens de la gräd chambre, chacun à leur tour, & d'vn nombre de Conſeillers de ladicte Chambre:& des enqueſtes auſſi à leur tour, & leſquels ne rapportent point.

Tous les iours de releuée, qui ne ſont ordinaires, Meſſieurs de la cour entrent par commiſſaires, fors les veilles de noſtre Dame d'Aouſt,& du S. Sacrement.

Le premier roolle ordinairement eſt pour la Prouince de Vermandois, duquel l'on commence à la ſainct Martin, & eſt continué iuſques à la fin de Decembre.

Depuis le commencement de Ianuier iuſques au 15. pour le roole du Balliage d'Amiens.

Le roolle du Balliage de Senlis ſe plaide le reſte du mois de Ianuier.

Apres la chandeleur l'on commence du roolle de Paris, duquel l'on a accouſtumé de plaider tout le Careſme,& quelquefois apres Paſques, ſelon la volonté de Monſieur le premier Preſident.

Le lendemain de Quaſimodo l'on commence le roolle de Champagne & Brie, & finit au commencement, ou au 15. May,quelquefois le reſte dudit mois.

Le

Le roolle de Poictou se plaide le reste
du mois de May, & pendant tout le mois
de Iuin.

Le roolle de Lyon ne se plaide que
pendant la premiere quinzaine du mois
de Iuillet.

Puis apres suit le roolle de Chartres,
qui est grãd,& dure tout le reste des plai-
dóiries , fors les deux derniers iours , qui
sont employez l'vn pour le roolle d'An-
goulmois,& l'autre pour les presens.

Notés, que le 15.d'Aoust passé l'on ne
plaide plus à la grand Chambre à huis
ouuert , ains seulement à la Tournelle &
à la Chambre de l'Edict iusques au 7. de
Septembre.

Messieurs des requestes du Palais sont
du corps de la Cour , & pource vaquent
les mesmes iours que fait le Parlement:
& neantmoins leurs vacations ne commencent qu'apres la saincte Croix en Septembre,pour les plaidoiries & presenta-
tions , & finissent à la sainct Denis , qué
l'on recommence , & se continuent iusques à sainct Simon,sainct Iude.

Les vacations de Messieurs de la cour
des Aydes sont és iours qui ensuiuent.

Premierement tout les iours dessus-

Les vacations de Messieurs de la cour des Aydes sont és iours qui ensuiuent.

Premierement tous les iours dessusdits, esquels le Parlement vacque, fors pendant les vacations de Septembre & Octobre que les deux Chambres sont reduites en vne:neantmoins on ne plaide point à huis ouuert.

Et outre lesdicts iours des vacations du Parlement, lesdits sieurs n'entrent point depuis le vingtsixiesme Septébre, iusques au 5. Octobre inclusiuement.

Plus vn iour pendant la foire sainct Germain des prez au mois de Feurier.

Les Lundy & Mardy gras.

La veille & le lendemain de la sainct Iean Baptiste.

Les veilles des festes nostre Dame.

La veille & lendemain de S. Magdaleine, & depuis ledit iour iusques au iour saincte Anne inclusiuement, par Arrest de ladicte Cour du quatriesme iour du mois d'Aoust 1534. En consideration dequoy l'on a remis, & trauaille-on les iours, esquels anciennement elle vacquoit, à sçauoir depuis les festes de Noel iusques aux Roys.

Les plaidoiries du roolle ordinaire
font

font le Mercredy & Vendredy matin , & le Lūdy de releuee pour l'extraordinaire, commençant en Decembre iufques à la fin du mois de May.

Pour la plaidoirie du roolle ordinaire, elle commence apres que l'on a eu plaidé à la grand Chambre.

Les plaidoiries finiffent le 6. Septembre.

Il y a au Parlement fept Prefidens de la grand' Chambre, dix Confeillers Clercs, & feize Confeillers lais.

Il y a cinq Chambres des Enqueftes, en chacune defquelles il y a deux Prefidens, & 25. ou 26. Confeillers.

Deux Chambres aux Requeftes du Palais. Tellement qu'il y a en la Cour compris la grand Chambre & les Requeftes, huict vingts Côfeillers ou plus.

En la Cour des Aydes il y a auffi deux Chambres , compofées de quatre Prefidens, & vingt-cinq Confeillers.

LISTE

LISTE
DE MESSIEVRS LES
PRESIDENTS ET CON-
feillers de la Cour.

ET PREMIEREMENT CEVX.
de la grand Chambre.

Meſſieurs les Preſidents.

N. de Verdun, à la Cour du Palais.
Pottier, rue neufue ſainct Mederic.
Seguier, au cloiſtre noſtre Dame.
Hacqueuille, pres les blancs manteaux.
Le Iay, rue de l'homme armé.
L'eſcoloppier, rue ſaincte Croix.
De Bellieure, rue de Bettrixi.

Conſeillers Laics.

Courtin, rue ſainct Auoye.
Bernard, rue mauuaiſe parolle.
Deſlandes, rue Aubryboucher.
Le Preuoſt, cloiſtre noſtre Dame.
Lé Coigneux, rue ſainct André.
De Grieux, rue des Bernardins.
Sauguin, rue Barre du bec.
Palluau, rue Champuerie.
Maynard, rue du Battoüer.
Le Preſtre, rue pierre Sarazin.

Deſ

Defcrifette, rue fainct Martin.
Bouchet, rue faincte Croix.
De Murats, rue de la Boucherie.
Pieruard, rue de la Verrerie.
Conseillers Clercs.
Pelletier, rue du foin.
Gillot, cour du palais.
Le Roullier, cour du palais.
Lefert, au cloiftre noftre Dame.
Soulfour, cour du Maues.
Le Clerc, rue fainct André.
Marefchal, cour du palais.
Pidoux, cloiftre noftre Dame,
Le Clerc, rue fainct Auoye.
De Fortias, cour du palais.
Hautemant, rue de Iouy.

Premiere chambre des enqueftes.

Prefidens.

Faye, rue l'homme armé.
Gayant, rue des prouuelles.
Conseillers.
Barillon, rue Simon le franc.
Sauary, rue des Bernardins.
Perriot, rue haute-fueille.
De la Nauue, rue des Mathutins.

D'a

Damours, derriere S. Geruais.
Bouguier, rue saincte Croix.
De Faultray, cloiſtre noſtre Dame.
Le Camus, rue des aſſis.
Buiſſon, ſur le quay de la Tournelle,
Iudort, cloiſtre noſtre Dame.
Lionné, rue Beautrely.
De Thumery, rue Geoffroy l'aſnier.
Le Clerc, rue des Blancsmanteaux.
Berge, cloiſtre noſtre Dame.
De Champerond, rue Geoffroy l'aſnier.
Dehere, rue S. Charles.
De Villotray, rue de bieure.
Parfaiɛt, pres la chappelle aux Orfeures.
Le Boulanger, rue du Cheualier du guet.
Ruelle, cloiſtre noſtre Dame.
L'aiſné, rue S. Auoye.
Le Charon, rue des francs bourgeois.
Le Grand, rue haute-fueille.
De Baillon, rue des maſſons.
Scarron, rue neufue ſainɛt Paul.

Deuxieſme Chambre.

Preſidens.

Seuin, rue ſainɛt Auoye.

Creſpin

Crefpin, cimetiere fainct Iean.

Confeillers.

Baron, cloiftre fainct Benoift.
Catinal, rue Sorbonne.
Le Cocq, rue de Saine.
Poille, rue des Roziers.
Cotel, deuant l'hoftel de Condé.
Bonin, rue de Paradis.
Violle, rue fainct Anthoine.
Portail, rue du Figuier.
Mollé, rue faincte Croix.
Violle, pres l'hoftel de Condé.
L'Huillier, rue bourtibourg.
Bougier, rue fainct Anthoine.
Cocquelay, cloiftre noftre Dame.
De Berulles, pres la porte S. Germain.
De Pleura, rue des prouuelles.
Le Roy, cour du Palais.
De Flatelle, rue neufue fainct Merry.
De Grieux, rue des lauandieres.
Courtin, rue fainct Auoye.
Saulnier, rue de bieure.
De Lozon, rue vieille du Temple.
Mundat, rue fainct Martin.
Magdelaine, rue fainct André.
Meliand, rue fainct Martin.
Seguier, cloiftre noftre Dame.
Doujat, rue des deux portes.

Troi

Troisiefme chambre des enqueftes.

Prefidens.

Granger , rue fainct Anthoine.
De la Barre , rue de l'efperon.
Confeillers.
Durand , rue Sorbonne.
De la Grange , cour du palais.
Garnier , pres l'hoftel de Condé.
Lamoignon , rue bryboucher
Ollyer , rue fainte Croix.
L'Archer , rue des Roriers.
Cheualier, en l'Ifle du Palais.
L'Oifel , cloiftre noftre Dame.
Scarron , rue Geoffroy l'afnier.
Philippeaux , pres l'Arfenac.
Buiffon , rue des Bernardins.
E. Bro. Tel , au port fainct Landry.
Brizard , la boulle place royalle.
Dethumoy , rue fainct Anthoine.
De Verzeau , rue des enfans rouges.
Raucher , cloiftre noftre Dame.
De Morant, pres l'hoftel de ville.
Bouchard , rue des Roliers.
Sanguin , rue barre du bec.
Deferue , fur le quay de la megefferie.
                                    Bou

E. Bouthelier , rue de l'esperon
Nicolas , rue Bourtibourg
Lambert , rue sainct Auoye.
Goutriers , rue de sainct Anthoine.
De Girard , pres l'hostel de Guise.

Quatriesme Chambre des enquestes.

Presidens.

Lottin , derriere sainct Geruais.
De Champeroud , rue Geoffroy l'asnier,
     Conseillers.
Pattoureau , rue des Noyers,
Perrot , rue des Poiteuins.
Champdieu , & Geoffroy Longeuin , rue
     pres l'hostel de Nemours.
Fradet , rue Chappelle mignon.
De Here , rue sainct Christophle.
Le Nain , rue sainct Anthoine.
Iabin , rue de la bucherie.
Du Tillet , rue sainct Iacques.
Robert , sur la Tournelle.
Froraud , rue sainct Bon.
De Guillon , rue Gille cœur.
Bullion , en la cour de Roüen.
Benart , rue des mauuaises paroles.
Le Prestre , rue Gilles cœur.

B

Chauuelin, sur la Tournelle.
Barthelemy, rue du Puy.
De Montescot, rue des enfans rouges.
Le Preuost, rue de l'esperon.
Robin, rue des mauuaises parolles.
Mauperu, rue mauuais garçons.

Cinquiesme Chambre des enquestes.

Presidens.

Du Mesnil, rue saincte Croix.
Meliaud, rue de Paradis.
Conseillers.
Portail, rue de la mortellerie.
Charton, rue des Bernardins.
Fouquet, rue Gille-cœur.
Cheualier, rue S. Nicolas du chardóneret.
Detellis, rue des Bernardins.
Hannequin, rue des Blancsmanteaux.
Scarron, pres le riche laboureur.
Versoris, rue de la tisseranderie.
Garrault, pres l'eschelle du Temple.
De Bragelonne, vieille rue du Temple.
Haste, rue du bastoüer.
Le Musnier, au College S. Iean de Latran.
Le Maistre, rue des massons.
Sanguin, rue barre du bec.

Hay

Haynardeau, rue cocquilliere.
Pelerin, pres la croix du tiroüer.
De Berzeau pres les enfans rouges.
Bauin, cloiſtre ſainct Merry.
Pinon, rue ſainct Anthoine.
Le Preuoſt, rue de bracque.
Seguier, rue haute-fueille.
Le Preſtre, rue du Cheualier du guet.
Morin, rue des maſſons.
De l'Aubeſpine, rue des bourdonnois.

Tournelle.

Preſidens.

L'eſcallopier, rue ſaincte Croix.
De Bellieure, rue de Bethizy.
Conſeillers.
Courtin, rue ſaincte Auoye.
Le Coigneux, rue ſainct André.
Sanguin, rue barre du bec.
Palleau, rue Champuerie.
Meſnard, rue du battoüer.
De la Vaux, rue poupee.
Perier, rue haute-fueille.
Camus, rue des aſſis.
I. Violle pres l'hoſtel de Condé.
Magdaleine, rue des Lions.

De la Mognon, rue Aubryboucher.
Prat, rue Poupee.
Maupeau, rue mauuais garçon.
Fouquet, rue Gille cœur.
Le Preuost, rue de Braque.

Premiere chambre des Requestes.

Presidens.

Amelot, rue de Paradis.
Broé, rue ville-cœur.
Conseillers.
Le Ficart, rue de la monnoye.
De Machaud, rue de la cloche percée.
Seguier, aux Marais du Temple.
Charles, rue de l'arbre sec.
Charpentier, pres l'eschelle du Temple.
Goussaud, pres nostre Dame d'argent.
Daugchin, pres le cimetiere sainct André.
Collebert, rue neufue sainct Mery.
Girard, rue de Bracq.
Florette, pres nostre Dame d'argent.
Gobelin, rue neufue sainct Paul.

Deuxiefme chambre des Requeftes.

Prefidens.

Viallart, rue de Paradis.
Le Cougneux, rue Pauée.
Conseillers.
Brouffel, rue des Marmoufets.
Dufour, pres l'hoftel de Bourgongne.
Le Maiftre, rue fainct Martin.
Graffetean, rue Pauée.
Salle, rue faincte Croix de la bretõnerie.
Pafquier, rue des Bernardins.
Faure, rue Pierre au laict.
L'Alemant, rue des billettes.
L'Archer, rue de beau bourg.
De Pomereus, rue hautefueille.

LES NOMS DES RVES,
Eglises, Chappelles & Colleges de la Ville, Cité & Vniuersité de Paris.

LA CITE'.

ELle commence sur le pont au change, és enuirons, finissant au paruis nostre Dame.

Le pont au change.

La trauerse du pont.

Le pont aux marchands.

La rue S. Leufroy, iusques au Chastelet.

L'Eglise sainct Leufroy.

La rue de la vieille pelleterie.

Vne ruelle descendant sur la riuiere.

La rue sainct Barthelemy.

En icelle est l'Eglise de S. Barthelemy.

Vne ruelle deuant l'horloge du palais.

La rue de deuant le palais, ditte la baril-letterie.

Dans le palais est la saincte Chappelle Royalle.

La Chappelle nostre Dame des Neiges, soubs la saincte Chappelle.

La Chappelle sainct Michel.

L'Eglise sainct Eloy deuant le palais, & en la sauaterie.

Rue

Rue vieille drapperie: en icelle font les
  Eglifes S. Pierre des affis, & S. Croix.
La rue de la fauaterie.
Sainct Martial.
Rue faincte Croix.
Rue au feure.
Rue de la calandre.
Sainct Germain le vieil.
Le pont fainct Michel.
Vne defcente au bout du pont fur la ri-
  uiere, tout au long du marché neuf, où
  l'on vend chair & poiffon.
La rue de la Iuifverie.
L'Eglife de la Magdelaine.
Rue de la lanterne: & en icelle eft fainct
  Denis de la Chartre.
Rue Geruais Laurens.
Le carrefour du marché palu, deuant no-
  ftre Dame de Paris.
Vne ruelle defcendante du marché palu à
  la riuiere de Seine.
Rue du fablon pres l'hoftel Dieu, defcen-
  dant en laditte riuiere.
Rue neufue noftre Dame iufqu'au par-
  uis.
En icelle eft l'Eglife faincte Geneuiefue
  des ardans.
Rue des dix huict.

Le paruis noſtre Dame.

S. Iean le rond, dedans le paruis.

Le grand Hoſtel Dieu de Paris.

Rue ſainct Chriſtofle.

En icelle eſt l'Egliſe ſainct Chriſtofle.

Vne ruelle pres la porte noſtre Dame.

Rue des champs rouziers.

Rue de la licorne.

Rue des canettes.

Rue de parpignan.

Rue des marmouzets.

Rue ſainct Symphorian.

En icelle eſt ſainct Symphorian.

Rue de Glatigny.

Rue des hauts moulins.

Rue ſainct Landry.

En icelle eſt l'Egliſe ſainct Landry.

Vne ruelle qui n'a qu'vn bout.

Rue de la colombe.

En icelle eſt la chappelle de Monſieur de
    Paris & ſainct Aignan.

Le port ſainct Landry.

Vne deſcente ſur la riuiere a degrez.

Vne autre deſcente pres la porte ſur la
    riuiere.

Rue ſainct Pierre aux bœufs.

En icelle ſont les Egliſes ſainct Pierre aux
    bœufs, & ſaincte Marine.

Rue

Rue des hermites.

Rue des quoquatrix.

Le cloiſtre noſtre Dame, ainſi qu'il ſe
comporte de tous coſtez.

Dans le cloiſtre eſt l'Egliſe ſainct Denis,
du pas, derriere noſtre Dame.

La chappelle des Notaires en la ſalle de
Monſieur de Paris.

Vne ruelle deſcendante ſur la riuiere,
pres l'hoſtel de Monſieur de Paris.

Vne ruelle pres l'Archidiacre de Paris,
deſcendant ſur la riuiere.

L'vniuerſité.

La grande rue ſainct Iacques.

En ladicte rue eſt l'Egliſe ſainct Eſtienne
des Grecs.

L'Egliſe & College des freres Preſ-
cheurs, dit Iacobins.

S. Benoiſt.

Les Mathurins.

Sainct Yues.

Sainct Seuerin.

Le College du pleſſis.

Le College de Marmoutier.

La rue de la grande Bretonnerie.

La rue de la petite Bretonnerie.

La rue ſainct Eſtienne des Grecs.

Le College de Montagu.

C

Le College de Lisieux.

La rue des Cholets.

Le College des Cholets.

Le College sainct Michel , autrement
dict Ceual.

Le College du Mans au dessous des Cho-
La rue des Cordiers.　　　　　　　lets.

Le College & chappelle de Clugny.

Le College des dix-huict.

La rue de Clugny.

La rue des poirées.

La rue de Sorbonne.

La Chappelle & college de Sorbonne.

La rue du Palais au terme , autremét des
massons.

Le cloistre sainct Benoist.

La rue sainct Iean de Latran.

En icelle est l'Eglise S. Iean de Latran.

Le College de Triguet.

Le College de Cambray.

La rue des Mathurins.

La chappelle en la maison de Clugny.

Rue du foin.

Rue du bout de Brie , le College & chappelle de maistre Geruais Chrestien.

Rue de la parcheminerie.

Vne ruelle qui va par dedans le cloistre

ſtre ſainct Seuerin.

Rue des preſtres.

Rue des Noyers.

Rue des Anglois.

Rue du plaſtre.

En icelle eſt le college de Cornoüaille.

Rue ſainct Iean de Beauuais.

En ladite rue eſt l'Egliſe & college S.Iean
de Beauuais.

Les grãdes & petites eſcolles de Decret.

Rue des Carmes.

En icelle eſt la chappelle & college de
Preſle.

Rue des lauandieres.

Le carrefour ſainct Seuerin.

Rue ſaillie en bien.

Rue de la huchette.

Rue de ſacalie.

Rue bertret, deſcendante ſur la riuiere.

Vne rue deſcendante ſur la riuiere.

Petit pont, & derriere la boucherie, ainſi
comme il ſe comporte.

La place où ſe vendoit le poiſſon d'eau
douce deſcendante ſur la riuiere.

Rue galande.

L'Egliſe ſainct Blaiſe.

Rue ſainct Iulian le pauure.

En icelle eſt l'Egliſe S.Iulian le pauure.

Rue de la bucherie.

Deux descentes sur la riuiere.

Rue au feurre.

En icelle sont les grandes escolles des quatre nations, de France , Picardie, Normandie, & Allemaigne.

Rue des rats.

Rue des deux portes.

La place Maubert, despuis le paué iusques à la croix Hemon deuant les Carmes.

L'Eglise & college des Carmes.

Rue perdue.

Le port & rue sainct Bernard , depuis le paué iusques à la Tournelle.

Rue de Bieure.

Les faux bourgs S. Victor , ainsi qu'ils se comportent.

Ausdicts faux bourgs est l'Eglise & Abbaye sainct Victor.

Rue sainct Victor , depuis la porte iusques au coing de l'Abbaye.

La grand rue S. Victor , depuis la croix des Carmes iusques à la porte.

En ladicte rue est l'Eglise S. Remy , & le college du cardinal le Moyne.

La chappelle , & college des bons enfás.

Rue succeraisin.

Rue

Rue de Versaille.
Rue du bon puis.
Rue du paon.
Rue du meurier.
Rue sainct Nicolas du chardonneret.
Rue des Bernardins.
En icelle rue est l'Eglise & college des
    Bernardins.
L'Eglise S.Nicolas du chardonneret.
Le mont saincte Geneuiefue.
L'Eglise & Abbaye saincte Geneuiefue,
    & sainct Estienne du Mont.
Le college de l'Aue Maria.
La chappelle & college de Nauarre.
La chappelle & college de la Marche.
La chappelle & college de Laon.
Rue du champ gaillard.
Rue Iudas.
Rue du mont sainct Hilaire.
En icelle est l'Eglise sainct Hilaire.
Le college & chappelle des Lombards.
Le clos bruneau, ainsi qu'il se comporte,
Rue d'Escosse.
Rue chartiere.
En icelle est la chappelle & college du
Rue des amandiers.   Mans.
Le college des Gracins.
Le college de Hablon, fondé par le sieur

d’Ablon, Conseiller en la cour de Parlement.

Rue des sept voyes.

La chappelle & college de Forteret.

La chappelle & college de Rheims.

Rue de la bordelle.

En icelle est la chappelle & college de Tournay.

La chappelle & college de Boncourt.

Rue trauersine.

En icelle est le college des Allemans.

Rue des noyers.

Sus les fossez, commençant à la porte Bordelle, & finissant à la porte sainct Victor.

La rue du puis de fer, autrement des Morfondus.

Rue neufue.

Rue mauserat.

Rue des coupeaux.

Rue neufue d’Ablon.

Rue du pot de fer.

Rue de l’arbaleste.

Rue sainct Marceau.

En icelle est l’Eglise sainct Marceau.

L’Eglise sainct Medard.

La chappelle S. Martin dans S. Marceau.

L’Eglise sainct Ypolite.

Vn hoſtel Dieu S. Marceau, pres la fauſſe
   porte.

La ꝝue de l'ourſine.

La chappelle de la charité.

Le monaſtere des Cordeliers.

L'hoſpital ſainct Medard.

La rue de Bourgongne.

Rue des Chartreux.

La rue ſainct Ypolite.

Rue d'Orleans.

Rue du fer de moulin.

Trois ruelles d'vn bout du coſté de S.
   Marceau, pres le pont.

Le faux-bourg ſainct Michel.

Audit faux-bourg eſt l'Egliſe & Monaſtere des Chartreux.

Sur les foſſez depuis la porte ſainct Michel, iuſques à la porte ſainct Iacques.

Rue de la Harpe.

En icelle rue eſt l'Egliſe de ſainct Coſme
   & ſainct Damien.

Le college & chappelle de Halecourt.

La chappelle & college des Threſoriers.

La chappelle & college de Bayeux.

La chappelle & college de Seez.

La chappelle & college de Iuſtice.

La chappelle & college de Tours.

Rue des Cordeliers.

C   4

L'Eglise & college des Cordeliers.
La chappelle & college de Bœsi.
La chappelle & college de Damuille deuant sainct Cosme.
La chappelle & college de Bourgongne.
Rue de Haute-fueille.
La chappelle & college des Premôstrez.
Rue pierre sarrazin.
Rue percee, dicte des deux portes.
Rue du batoüer.
Rue de la serpente.   Rue couppee.
Vne rue derriere S. André des arts.
Rue sainct André des arts.
L'Eglise sainct André des arts.
La chappelle & college d'Autun.
Rue de la vieille bouqueterie.
Rue de Mascon.
Rue des Augustins, tout au long de la riniere, depuis le mont sainct Michel iusques en Nesle, ou il y a porte : & pour aller aux faux bourgs sainct Germain des prez.
En ladicte rue est l'Eglise & college des Augustins.
Le petit nesle, ainsi qu'il se comporte.
La rue Gilles le cœur.
Rue de la rondelle.
Rue pauee d'andoüilles.

                              Rue

Rué de l'Abbé sainct Denys.

En icelle est la chappelle & college sainct Denys.

Rue de l'esperon.

Rue de la maison de Rheims.

Rue de la chappelle mignon.

En ladicte rue est la chappelle & college mignon.

Rue de l'Archeuesque de Roüen.

La rue des fossez S. Germain, depuis la porte iusques à la riuiere.

Sus les fossez S. Germain, depuis la porte iusques à la porte S. Michel.

Rue de Vaugerard.

La grand rue S. Germain des Prez, depuis la porte tout au long iusques au pilory.

En ladicte rue est l'Eglise & abbaye S. Germain des Prez.

L'Eglise sainct Sulpice.

La chappelle sainct Pere.

La maladerie.

La rue neufue.

Rue des mauuais garçons.

Rue de deuant le pilory.

Rue de viracouble.

Rue des iardins pres sainct Sulpice.

Le faux-bourg S. Iacques, depuis la porte tout au long.

Audit faux-bourg eſt l'Egliſe & Monaſtere noſtre Dame des champs.

L'Egliſe & Hoſpital ſainct Iacques du
haut pas.

Vn hoſtel Dieu de noſtre Dame des
champs, prez la fauſſe porte.

Rue des marionnelles.

Rue du ſanſonnet à la croix.

Les foſſez depuis la porte S. Iacques à la
porte bordelle.

Rue des poteries ſur les foſſez.

Rue des poſtes, depuis le coing de braque
iuſques à S. Medard.

Rue du puits qui parle.

Le pont noſtre Dame.

Rue de la tannerie.

Vne ruelle deſcendante à la riuiere.

Vne autre ruelle deſcendante ſur la riuiere.

Rue des recommandereſſes.

Vne ruelle allant aux chambres de mai-
ſtre Hugues.

Vne autre ruelle deſcendante ſur la riuiere.

La rue & planche Mibray.

Rue de la haute Vannerie.

Rue de la Vannerie.

La place de Greue.

En icelle est la chappelle du S. Esprit, &
l'Hostel de ville.

Rue sainct Iean en Greue.

En icelle est l'Eglise S. Iean en Greue.

La rue du martel sainct Iean.

Rue de la Mortellerie.

En icelle est l'Eglise des Haudriettes.

L'Eglise & le Conuent des Religieuses de
l'Aue Maria.

Sur la riuiere depuis Greue tout au long
iusques à l'hostel de Sens.

La rue des Haudriettes descendante sur la
riuiere.

Vne ruelle au coing de la porte doree,
descendante sur la riuiere, pour aller
au moulin de Maliuant sur l'eau.

Vne autre ruelle descendante sur la riuiere   (riuiere.

Ruelle du port au foin descendante sur la

Rue sainct Geruais.

L'Eglise sainct Geruais, pres la porte Baudets.

L'hospital S. Geruais aupres.

Rue du long pont.   Rue des barres.

Rue garnier sur l'eau.

Rue Geoffroy l'asnier.

Rue putigneuse.

Vne

Vne defcente fur la riuiere.

La rue des nonnains d'Yerre.

Vne defcente fur la riuiere.

Rue du figuier.

Vne defcente fur la riuiere de l'hoftel au deuant de Sens.

Ruë des fauconniers.

Rue des iardins.

Rue des barrieres.

Rue fainct Paul.

L'Eglife fainct Paul.

Vne defcente fur la riuiere.

Rue de ioye.

La rue de la petite puce.

En ladite rue eft l'Eglife & Monaftere des Celeftins.

Vne defcente fur la riuiere.

La porte fainct Anthoine.

La grand rue fainct Anthoine.

En ladite rue eft l'Eglife & Monaftere de fainct Kathe, du val des efcoliers.

L'Eglife fainct Anthoine le petit.

La Baftille.

Rue des tournelles.

Rue faincte Kathe, pour aller droict à la porte S. Anthoine.

Rue Royalle.

Rue petite muffe.

Rue

Rue de la Royne.
Rue d'Orleans.
Rue Iean beau sire.
Rue des balles.
Rue percée.
Vne ruelle deuant sainct Antoine.
Rue Iean tizon.
Rue Renault le Feure.
La vieille rue du Temple.
Rue charron.
Rue du Roy de Cecile.
Rue du maudestour.
Rue des escoufles.
Rue des Iuifs.
Rue du petit Mariuaut.
La porte de braque.   Rue des roziers.
Vne ruelle qui est au coing de la rue des
     Iuifs.
Rue de la Bretonnerie.
En icelle est l'Eglise & Monastere des
     religieuses saincte Croix.
Rue des blancs manteaux.
En icelle est l'Eglise & Monastere des
     Religieux des blancs manteaux.
Rue des Cygnes.
Rue du puits.
Vne ruelle du costé des blancs man-
     teaux.

Rue

Rue de l'homme armé.

Rue du plaſtre.

Rue de la chappelle de braque.

En ladicte rue eſt la chappelle de bracque.

Vne ruelle deuant ladicte chappelle.

Rue de paradis.

Rue des poullies.

Rue des quatre fils Aymon.

Rue port au foin.

Rue des Haudriettes.

La porte baudets, ainſi qu'elle ſe cõporte.

Le cloiſtre ſainct Iean, ainſi qu'il ſe comporte.

Deux rues en la Tiſſeranderie, & vne
autre au cheuet ſainct Iean.

Vne deſcente dedans le S. Eſprit, & deſcendant en la place de Greue.

Rue du coq.

Le carrefour Guillory.

Rue du mouton.

Rue de la poterie.

La rue breneuſe.

Rue des coquilles.

Rue Iean de l'Eſpine.

Rue de la coutellerie.

Rue Iean pain mollet.

Rue de la tacherie.

Rue

Rue sainct Bon.

En ladite rue est l'Eglise sainct Bon.

Rue de la lanterne.

Rue des assis.

Rue des Escriuains.

En icelle est l'Eglise sainct Iacques de la
    Boucherie.

Rue de Mariuaux.

Rue des prestres.

Rue des Lombards.

Rue de Guillaume Iosse.

Rue de la Verrerie.

Rué du Regnart qui presche.

Rue des Billettes.

En ladicte rue est l'Eglise & college des
    Billettes.

Vne ruelle aboutissant à la verrerie.

La rue André Malet.

Le vieux cimetiere sainct Iean.

Rue du Bourtibourg.

Rue neufue sainct Medry.

Vne ruelle deuant la corne de cerf.

Le cloistre sainct Medry.

La rue brise mitaille pain & baille bon.

Rue de la Baudrerie.

Rue de la pierre au laict.

La rue de la fontaine maubue.

Rue de Geoffroy l'Angeuin.

Vne

Vne ruelle deuant le petit paon,
La rue de beau bourg.
La rue Simon le Franc,
La rue de la blocquerie,
La rue aux meneſtriers,
La rue du cul de ſac,
La rue des petits champs,
La rue de ſainct Iulian,
La rue des eſtuues aux femmes,
Le carrefour & la rue du Temple,
Rue ſainct Auoye.
En ladite rue eſt la chappelle S. Auoye,
L'Egliſe du Temple, où eſt noſtre Dame
    de Lorette.
La rue des Bouchers.
Vne ruelle pres l'eſchiquier,
La rue paſtourelle.
Rue des graueliers,
Rue du vert bois.
Rue des fontaines,
Rue de frippaut.
Rue chappon.
Rue de la cour au vilain,
Rue de frepillon.
Rue Michel le Comte,
Rue au Maire,
Rue traſſe nonnain,
La grand rue ſainct Martin.

Le faux-bourg sainct Martin.
Audit faux-bourg est l'Eglise S. Laurens.
En ladite rue est l'Eglise & Monastere
    de sainct Martin des champs.
L'Eglise de S. Iulian le Menestrier.
L'Eglise sainct Medry.
Rue guerin boisseau.
Rue de Dernetal.
Rue de la plastrerie.
Rue du petit heuleu.
Rue du bourg l'Abbé.
Rue de heuleu.
Rue du cimetiere S. Nicolas.
Rue de Montmorency.
Rue du grenier S. Ladre.
Rue aux Ours.
Vne ruelle derriere S. Leu, & S. Gilles.
Rue de Quinquempois.
Rue baraut qui dort.
Vne ruelle en Quinquempois, deuant
    la rue baraut qui dort.
Rue Aubri le boucher.
En icelle est l'Eglise S. Iosse qui d'anti-
    quité estoit Hospital, du temps que
    sainct Fiacre vint à Paris.
La rue des cinq diamans.
Rue de Venise.
Rue de haumart.

Rue vieille confrairie.

Rue de la vieille monnoye.

La pierre au laict.

Rue de la Sauonnerie.

Rue sainct Iacques de la Boucherie.

Rue du porché sainct Iacques.

Rue de la place aux veaux.

Rue de l'escorcherie.

Rue du pied de bœuf.

La rue de la vieille tannerie, descendante à l'escorcherie.

La porte de Paris, & le tour de la boucherie.

Rue du chat blanc, deuant la boucherie du costé sainct Iacques.

La grand rue sainct Denis.

En ladite rue est l'Eglise S.Opportune.

L'Eglise & cimetiere de S.Innocent.

L'Eglise & Chanoinerie du Sepulchre.

L'Eglise & Abbaye S.Magloire.

L'Eglise de S.Leu,& de S Gilles.

L'Eglise & hospital de sainct Iacques.

L'Eglise de la Trinité.

L'Eglise sainct Sauueur.

La chappelle des filles Dieu, où il y a des Religieuses qui donnent aux malfaicteurs la Croix à baiser, & de l'eau beniste, pain & vin , dont ils mangent

mangent trois morceaux quand on
les meine au supplice.

Le faux-bourg sainct Denis.

Sainct Ladre.

Rue de la haucherie.

Rue Parrin Gesselin.

Rue d'Auignon.

Rue Iean Laurie le Compte.

Rue de la heaumerie.

Rue de la tableterie.

Le cloistre sainct Opportune.

Rue des vifs.

Rue trousse vache.

Rue de la ferronnerie.

Le cimetiere sainct Innocent.

Rue de la consonnerie.

Rue aux prescheurs.

Rue du Cygne.

Rue de la chauerrerie.

Rue de la truanderie.

Rue du peronnet.

La halle au pain tironnet, & teronne.

Rue de merderet.

Rue de la petite truanderie.

Rue du maudestour.

Rue de mauconseil.

Le cloistre & hospital sainct Iacques.

Vne rue qui trauerse par dedās l'hostel de

44

Bourgongne.
Rue du petit Lyon.
Rue de la salle du Comte.
Rue du regnard.
Vne ruelle pres la Trinité.
La rue sainct Sauueur.
La rue des deux portes.
Rue tire-boudin.
La rue pauée, contre l'hostel de Bour-
	gongne.
Rue de beau repaire.
Rue de Mont orgueil.
En icelle est l'hospital S.Eustache.
La rue & porte de la Comtesse d'Artois.
La poincte S. Eustache.
En icelle place est l Eglise & paroisse
	de S. Eustache.
La rue de la toillerie.
La rue de la fromagerie.
La halle au bled.
La halle au fruict.
La fripperie.
La toillerie.
Rue des ieux de paulmes, entre deux
Rue de la ganterie.   (balles.
Rue de la toillerie nouuelle.
La ruelle d. la halle aux porées.
La rue sous les pillie s, depuis le coing
	de

de la Caſſonnerie tout à l'entour.
La rue de la lingerie.
Rue de Monmartre.
En icelle eſt l'Egliſe ſaincte Marie l'Egy-
ptienne.
Rue des vieux Auguſtins.
Rue de la plaſtriere.
Rue breneuſe.
La place aux chats pres S. Innocent.
La rue ſainct Honoré.
En icelle rue eſt l'Egliſe S. Honoré.
L'Egliſe des Quinze vingts Aueugles.
Rue des Bourdonnois.
Rue de la limace.
Rue de mauuaiſe parolle.
Rue de Betiſi.
Rue des changeurs.
Rue de la cordonnerie.
Rue de tire chappe.
Rue des prouuelles.
Rue des deux eſcus.
Rue du four.
Rue de la vieille.
Rue de la brehaine & preſſoir du bret.
Rue des eſtuues.
Rue des deux haches.
Rue d'Orleans.
En icelle rue eſtoit l'Egliſe & Mona-

ſtere des filles repenties.

ʟa rue de ſejour.

ʟa Croix neufue.

ʟa porte neufue.

ʟa porte coquillette, depuis la porte iuſques ſur les foſſez.

ʟa rue des francs-bourgeois.

ʀue de grenelle.

ʀue de poil de coniL

ʀue des petits champs.

ʟe cloiſtre ſainct Honoré.

ʟa ruelle des bons enfans, pres ſainct Honoré.

ʟa ruelle deuant la rue frementeau, en la rue ſainct Honoré.

ʀue du coq.

ʀue de Beauuais.

ʀue de champ fleury.

ʀue Iean ſainct Denis.

ʀue de frementeau.

ʟa cour ſainct Nicolas, en icelle cour eſt l'Egliſe & college ſainct Nicolas du

ʀue ſainct Thomas.   (ʟouure.

En icelle rue eſt l'Egliſe S. Thomas du ʟouure.

ʟ'allée depuis la tour ſur les foſſez, depuis le marché aux moutons, iuſques aux lices pres le chaſteau du ʟouure.

ʀue

Rue de l'autruche.

En ladite rue est la chappelle de Monseigneur de Bourbon, contre le logis de Villeroy, pres le chasteau du Louure: & la chappelle du Roy dedans ledit chasteau.

Rue des poulles.

Rue d'aueron.

Rue Iean tiron.

Rue de l'arbre sec.

En ladite rue est la grande Eglise S. Germain de l'Auxerrois.

Le cloistre S. Germain de l'Auxerrois.

La rue du coup de baston.

Rue des fossez sainct Germain.

Rue gloriette.

Rue baillet.

Vne ruelle pres le gros tournois.

Vne ruelle deuant le cloistre.

L'escolle sainct Germain.

La grand rue sainct Germain.

En icelle rue est la iurisdiction temporelle de l'Euesque de Paris, & est nommée le fort l'Euesque.

Rue du port au foin.

Rue de la monnoye.

Vne rue qui trauerse par dedans la monnoye.

En

En ladite trauerſe eſt la chappelle de la
  monnoye.
Vne ruelle pres ladite monnoye.
Rue Thibaut Ondet.
Rue des Eſtuues aux femmes.
Rue Martin porées.
Rue des deux boules.
Rue Iean Iointie.
Rue des Quelongnes.
Vne ruelle aupres.
Rue des deux portes.
En ladite rue eſt la chappelle des Orſe-
  ures.
Rue des lauandieres.
L'abbreuuoir pepin.
Vne rue deuant la maiſon où eſt l'en-
  ſeigne des quinze vingts, pres l'ab-
  breuuoir pepin.
Rue de la petite ſonnerie.
La vallée de miſere.
La vallée du pied.
Le carrefour des boutiques de poiſſon.
Rue de la pierre au poiſſon.
La Megiſſerie, tout le long de l'eau.

            F I N.

www.ingramcontent.com/pod-product-compliance
Lightning Source LLC
LaVergne TN
LVHW020653200726
843508LV00002B/752